어떻게 팔지
답답한 마음에
슬쩍
들춰본
전설의 광고들

어떻게 팔지 답답한 마음에
슬쩍 들춰본 전설의 광고들

초판 1쇄 발행   2018년 11월 12일

지은이	김병희
펴낸곳	도서출판 이와우
주소	경기도 파주시 운정역길 99-18
전화	031-901-9616
이메일	editorwoo@hotmail.com
홈페이지	www.ewawoo.com
인쇄·제본	(주)현문
출판등록	2013년 7월 8일 제2013-000115호

※ 정가는 뒤표지에 있습니다.
※ 이 책은 저작권법에 의하여 보호를 받는 저작물이므로 무단전재와 복제를 금합니다.
※ 잘못된 책은 구입하신 서점에서 교환해 드립니다.

ISBN 978-89-98933-32-6 (03320)

어떻게 팔지
답답한 마음에
슬쩍 들춰본

전설의 광고들

김병희 지음

이와우

차례

프롤로그 7

1. 상식을 뒤집는 역발상으로
팔고 싶을 때, 슬쩍 11
- 케첩 없는 케첩 광고 13
- 찌그러진 차車의 비밀은? 21
- 애플 컴퓨터가 매킨토시를 소개합니다 28
- 미완未完의 아름다움, 'ingle ells, ingle ells' 34
- '좀 다른' 새해 축하 광고 40
- 가치를 재포지셔닝한다는 것 50

2. 본질을 깊이깊이 파고들며
팔고 싶을 때, 슬쩍 57
- 아름다움은 누구에게나 있다 59
- 속도가 아닌 방향 65
- "한 걸까, 안 한 걸까?" 71
- 마케팅이 아니라 제품이 먼저다 76

3. 강력한 스토리텔링 파워로
팔고 싶을 때, 슬쩍 85
- 시간을 사고파는 상인 87
- 눈가에 스르륵 눈물이… 94
- 실패가 있었기에 성공이 있다! 101
- 『달과 6펜스』 띄운 광고, 지금도 통할까 109

4. 진정으로 감동받게 하면서
팔고 싶을 때, 슬쩍　　　　　　　　　　　117

불가능, 그것은 아무것도 아니다!　　　　　119
다이아몬드는 영원히　　　　　　　　　129
해골이 포옹을 했다, 그리고…　　　　　　135
반려동물만 유기되는 게 아니다　　　　　139
모든 인생은 훌륭하다　　　　　　　　　145
스타벅스가 외친 'INDIVISIBLE'의 의미　　153

5. 재미와 웃음까지 선사하며
팔고 싶을 때, 슬쩍　　　　　　　　　　　161

클린턴 이마에 붙은 한 장의 사진　　　　163
나쁜 날씨란 없다, 두 가지의 좋은 날씨만 있을 뿐　170
세상에서 가장 즐거운 직업을 팝니다!　　176
흰 콧수염을 만들어보세요　　　　　　　182
계단을 피아노 건반으로　　　　　　　　188
『미쉐린 가이드』, 별 세 개의 탄생!　　　　195

6. 단순하지만 강력한 한마디로
팔고 싶을 때, 슬쩍　　　　　　　　　　　205

알파벳 네 자로 대통령이 되었다　　　　207
결코 바꾸지 않으면서도 늘 바꾸기　　　213
스케일 업!　　　　　　　　　　　　　221
피라미도 대어가 된다는 코이의 법칙　　227
생각은 많아도 전달은 간명하게　　　　232
다시 생각해보는 "Less is more"　　　　238

에필로그　　　　　　　　　　　　　　246

프롤로그

살아가는 동안에 어떤 것을 '슬쩍'하고 싶을 때가 있다. 여기에서 말하는 슬쩍이란, 부정적인 맥락에서가 아니라 어떤 일을 진지하게 않게 슬쩍 해보면 좋겠다는 뜻이다. 리처드 세일러Richard H. Thaler 교수가 제시한 넛지Nudge 개념의 의미도 '슬쩍'이나 마찬가지다. 사전적 의미로 넛지는 옆구리를 팔꿈치로 슬쩍 건드린다는 의미인데, 타인의 선택을 유도하는 부드러운 개입을 말한다. 다른 사람의 마음을 얻으려면 진지하게 접근하지 말고 부드럽게 슬쩍 건드리라는 말이다.

세상의 모든 것을 '슬쩍' 할 수 있겠지만, 전설legend에서 뭔가를 슬쩍 하는 눈썰미를 가진 사람이야말로 소중한 것을 얻을 수 있다. 더욱이 오래전에 어떤 전설적인 일이 있었다는 투의 이야기는 도대체 믿기지가 않는다. 그런 전설이 아니라 상품 판매에 엄청난 영향을 미쳤다거나 브랜드 인지도를 획기적으로 높이는 데 크게 기여했다는 '전설의 광고들'에서 슬쩍의 지혜를 얻는다면, 자신의 인생을 더 값지고 소중하게 만들어갈 수 있으리라. 소비자의 마음을 슬쩍 훔쳐 지갑을 열게 함으로써 광고 효과를 입증한 전설의 광고들에서, 우리는 경영 통찰력이라도 슬쩍 훔쳐와야 하지 않을까 싶다. 더 늦기 전에.

이 책에서는 사람들 마음을 얻고 싶거나 물건을 팔고 싶을 때 슬쩍 건드려보는 것이 얼마나 중요한지, 전설적인 광고에 녹아 있는 경영 통찰력을 통해 살펴보았다. 제1장에서는 '상식을 뒤집는 역발상으로 팔고 싶을 때, 슬쩍' 해보자고 권유했고, 제2장에서는 '본질을 깊이깊이 파고들며 팔고 싶을 때, 슬쩍' 해보라고 촉구했다. 제3장에서는 '강력한 스토리텔링 파워로 팔고 싶을 때, 슬쩍' 해보자고 제안했고, 제4장에서는 '진정으로 감동받게 하면서 팔고 싶을 때, 슬쩍' 해보라고 설명했다. 제5장에서는 '재미와 웃음까지 선사하며 팔고 싶을 때, 슬쩍' 해보라는 팁을 제시하며 일상생활에서 재미 요소가 얼마나 중요한지 강조했다. 마지막으로 제6장에서는 '단순하지만 강력한 한마디로 팔고 싶을 때, 슬쩍' 해보기를 권하며 이 책을 마무리지었다.

더불어 이 책에서는 외국의 다양한 광고 사례를 소개했

다. 미국, 영국, 호주, 브라질, 일본, 중국 등 여러 나라의 광고를 소개한다. 글로벌 시대의 광고 메시지는 한 나라의 소비자만을 대상으로 하지 않는다. 더욱이 디지털 융합시대에는 한 도시에서 일어난 사소한 일도 온 세상 사람들이 순식간에 알아차릴 정도로 확산 속도가 빠르다. 그렇기 때문에 어떤 광고가 주목을 끌면 특정 문화권을 넘어 글로벌 시민들에게 순식간에 확산된다. 캠페인에 성공한 외국의 광고 사례를 '슬쩍' 해 보며 배울 핵심적인 텍스로로 삼은 이유도 이 때문이다.

독자 여러분께서는 성공한 광고 캠페인을 하나하나 짚어보며 경영에 대한 깊이 있는 통찰력을 길러보시길 바란다. 여기에서 말하는 경영이란 기업 경영만을 지칭하지 않는다. 오히려 우리네 일상생활은 물론이고 인생의 경영 전반을 의미한다. 어떻게 살아야 자기 인생을 지금보다 더 훌륭하게 경영할 수 있을지, 독자들은 이 책을 읽어가며 보다 깊은 통찰력을 얻게 될 것이다. 기업의 최고경영자나 경영 현장에 계시는 분들도 광고의 핵심 메시지를 되새김하시면서 놀라운 경영 통찰력을 발견하시길 기대한다.

이제, 전설적인 광고물을 감상하면서 '슬쩍'의 달콤함을 슬쩍 맛보시기를…

상식을 뒤집는 역발상으로
팔고 싶을 때, 슬쩍

케첩 없는
케첩 광고

"제품을 더 크게 부각시켜요."

프레젠테이션을 할 때마다 광고 창작자들이 광고주로부터 가장 자주 듣는 말이다. 광고 창작의 기본 원리라고 해도 과언이 아닐 터. 대부분의 경영자들은 광고 시안에 제품 패키지를 꽤 크게 제시했는데도 자사 제품이 보이지 않는다며 광고 프레젠테이션 현장에서 불만을 나타내는 경우가 많다. 그런 태도를 이해하지 못할 바도 아니지만, 브랜드나 제품을 크게 제시하는 것만이 능사는 아니다. 광고 아이디어에 따라 제품

돈 드레이퍼가 하인즈 경영진에게 프레젠테이션하는 장면(《매드 맨》 시즌 6, 2013).

의 배치나 크기가 얼마든지 달라질 수 있고, 아예 제품 패키지를 보여주지 않았을 때 더 큰 효과를 기대할 수도 있다.

미국에서 선풍적 인기를 끈 미국 드라마 〈매드 맨MAD MEN〉(시즌 6, 2013)에서 광고 프레젠테이션 장면이 생생하게 묘사된 바 있다. 이 드라마에서는 유명한 광고 제작자의 일과 사랑 그리고 권력욕을 그려냈는데, 2007년 시즌 1부터 시작해서 2015년에 시즌 7로 끝날 때까지 에미상과 골든글러브상을 수상할 정도로 수작이었다. 1960년대 뉴욕의 매디슨가에 밀집된 광고회사들의 시시콜콜하고도 실감나는 이야기가 주되게 펼쳐지며, 광고회사 스털링 쿠퍼 드레이퍼 프라이스Sterling Cooper Draper Pryce의 광고기획자인 돈 드레이퍼Don Draper의 성공 욕구와 내적 방황이 시청자들을 사로잡았다.

2013년에 방영된 〈매드 맨〉의 시즌 6에서 돈 드레이퍼(존 햄)는 하인즈 경영진을 대상으로 하인즈 케첩Heinz Ketchup 프레젠테이션을 한다. 프레젠테이션의 핵심 아이디어는 제품 패키지를 보여주지 않는다는 것. 돈 드레이퍼는 광고에서 제품을 보여주지 않고 "하인즈 좀 건네줘Pass The Heinz"라는 헤드라인만으로 제품을 떠올리게 하자고 제안한다. 다 보여주지 않고 여운을 남겨야 오히려 소비자들이 더 잘 기억한다는 것이 전략의 요체. 하지만 듣고 있던 경영진들은 그의 제안에 어이없다는 표정을 지으며 곧바로 일어서버린다.

    그는 광고주의 제품을 기억하게 하는 데 기여하는 최고의 것은 사진이나 그림이 아닌 소비자의 상상이라고 주장한다. 상상은 예산의 규모나 시간 제약도 받지 않기 때문에, 소비자의 상상 공간에 들어가기만 한다면 온종일 광고를 하는 셈이나 마찬가지라는 것. "케첩을 보지 않아도 온종일 케첩을 생각하게 되겠죠.You're going to be thinking about ketchup all day, and you didn't even see it" 그는 마지막까지 이렇게 말하며 광고 아이디어를 설명하지만 광고주를 설득하는 데 끝내 실패한다. 여기까지가 드라마에서 구성한 프레젠테이션 상황이다.

    이제부터는 실제 상황이다. 하인즈 케첩은 드라마에서 50여 년 전에 광고주가 거절했던 아이디어를 2017년에 다시 되살려냈다. 광고회사 데이비드 마이애미David Miami는 〈매드 맨〉 10주년을 기념해 승인받지 못했던 아이디어를 되살리자고 제안해, 치즈 버거, 프렌치 프라이, 스테이크를 소재로 세 편의 인쇄광고를 만들어 『뉴욕 포스트』에 신문광고를 게재했다. 그리고 뉴욕 시 우체국 벽면에 옥외광고도 하고, 소셜 미디어 채널을 통해 잊힌 광고 아이디어의 부활을 알렸다. 광고에 케첩 제품은 보여주지 않고 "하인즈 좀 건네줘Pass The Heinz"라는 헤드라인만 썼다. 〈매드 맨〉의 프레젠테이션 현장에서 제시했던 것과 똑같은 광고다. 굳이 제품을 보여주지 않았지만 하인즈 케첩만의 자신감이 느껴진다. 브랜드 이름을 생략함으로써 오히려 제품에 대한 열망을 창출하는 전략을 시도한 것. 미국 펜실베이니아 주 샤프스버그에 헨리 하인즈가 1869년에 작은 상점을 열어 어머니가 담근 고추냉이 피클을 판매하면서 시작된 하인즈의 자신감을 보여주기에 충분한 광고였다.

드라마에 제품을 협찬해 자연스럽게 브랜드를 노출하는 것을 제품 배치^{PPL}라고 한다. 반대로 하인즈 광고는 드라마에서 구성한 상황을 실제 광고로 부활시킨 역사상 최초의 역PPL$^{reversed\ PPL}$의 사례이다. 2017년의 하인즈 경영진은 광고 회사의 제안을 진지하게 경청한 다음, 제품 패키지가 보이지 않는 광고 아이디어를 승인했다. 드라마에서와는 다른 의사결정이었다. 아이디어를 승인받는 데 50년이 걸렸다고 하면 지나친 과장일까? 이 광고에 소비자들은 열광했다. 조사 결과, 이 광고는 26억 번 노출되었으며, 광고비의 투자수익률

▼
Tim Nudd, "50 Years Later, Heinz Approves Don Draper's 'Pass the Heinz' Ads and Is Actually Running Them: Joint effort between David Miami and Sterling Cooper Draper Pryce." http://www.adweek.com/creativity/50-years-later-heinz-approves-don-drapers-pass-the-heinz-ads-and-is-actually-running-them/, 2017. 3. 13.

하인즈 케첩 인쇄 광고 '치즈 버거' 편(2017).

하인즈 케첩 인쇄 광고 '프렌치 프라이' 편(2017).

하인즈 케첩 인쇄 광고 '스테이크' 편(2017).

하인즈 케첩 옥외 광고 '프렌치 프라이' 편(2017).

ROI은 4540%에 이르렀다. 여러 광고 전문지에서는 그동안의 하인즈 캠페인 중 가장 효율적인 캠페인이라고 평가했으며, 2017년 칸의 창의성 축제(칸라이언즈)에서 옥외 부문 금상, 인쇄 부문 은상, 엔터테인먼트 부문 동상 등 3개 부문에서 수상했다.

제품을 크게 부각시키는 것만이 능사는 아니다. 자기 자랑을 크게 부각할수록 소비자들은 외면할 수도 있다.

찌그러진 차車의 비밀은?

많은 광고들이 상품의 좋은 면모만을 보여주려는 경향이 강하다. 자동차 광고만 봐도 멋진 모델이 등장해서 자동차 운전을 하는 장면이나 자동차의 멋진 외관을 보여주는 데 치중한다. 물론 이런 성향이 모두 틀렸다는 말은 아니다. 하지만 필요에 따라 상품의 손상된 장면을 보여주면서도 상품의 특성을 얼마든지 부각시킬 방법은 많다. 그런데도 부정적인 이미지를 제시하면 소비자들이 상품의 부정적인 인상만 기억하게 된다며 상품을 훼손한 사진이나 광고 이미지를 일체 인정하려 하지 않는 경우들이 뜻밖에도 많다.

긍정적 접근 방법이 최상이라는 고정관념을 갖는 경우가 많은데, 그런 판단이 늘 옳지만은 않다. 부정적 접근 방법negative approach으로도 얼마든지 놀라운 성과를 기대할 수 있다. 세상에 100퍼센트 완전한 상품이란 없다. 상품을 아무리 잘 만들어도 언제 어디에서나 하자가 튀어나올 수 있고 문제가 생길 수 있다. 소비자 손에 쥐인 상품의 운명은 원래 그런 것. 검은 고양이든 흰 고양이든 쥐만 잘 잡으면 된다는 덩샤오핑鄧小平의 흑묘백묘론黑猫白猫論처럼 상품의 특성을 부각시킬 수 있다면 긍정적이든 부정적이든 접근방법 자체가 문제가 되지는 않는다. 볼보Volvo 자동차 광고에서 그 근거를 살펴보자.

볼보 북아메리카 지사의 광고 '찌그러진 자동차' 편(1989)을 보자. 앞뒤 범퍼가 심하게 파손된 자동차 그림이 가장 먼저 눈에 들어온다. 자동차 광고에서 일찍이 볼 수 없었던 장면이다. 이 광고에서는 자동차 광고에서 보통 반짝반짝 빛나는 새 차를 보여주던 관행과는 달리 대형 사고를 당해 찌그러져버린 자동차를 보여주었다. 볼보가 이토록 약한 차였나? 이런 생각이 들까 말까 하는 순간, "우리는 이처럼 생각하며 모든 볼보를 설계합니다"라는 헤드라인이 눈길을 끈다. 헤드라인에 있는 '이처럼'은 사고 나는 순간을 가리키는 게 분명

볼보 광고 '찌그러진 자동차' 편(1989).

한데, 사고로 형편없이 찌그러져버린 자동차 그림과 헤드라인이 어울리며 '안전' 메시지를 전달하기에 충분하다. 바디카피에서는 더 안전한 차를 만들기 위해 볼보가 자동차 설계를 어떻게 하는지를 상세히 설명했다.

두루 알다시피 볼보는 아서 가브리엘슨Assar Gabrielsson과 구스타프 라르손Gustav E. Larsson이 1927년에 설립한 스웨덴의 자동차 브랜드이다. 볼보는 최초의 모델인 야콥을 출시한 이후 사업 영역을 확장해 1946년부터 '안전'이라는 콘셉트를 줄곧 유지하며 현재에 이르고 있다. 이 광고는 볼보가 북미 시장의 유통망을 확대하던 기간(1971~1990)에 집행되었다. 볼보는 2010년에 중국의 자동차 제조업체 지리Geeley 그룹에 매각되었고, 2012년부터 '당신께 맞춘 디자인Designed around you'이라는 새로운 슬로건으로 인간 중심의 디자인을 강조하고 있다.

이 광고를 본 소비자들은 볼보에 대해 어떤 인상을 가지게 될까? 부정적 접근을 싫어하는 경영인들처럼 볼보가 사고에 약한 차라고 생각할까, 아니면 큰 사고를 당하고도 차 안

Volvo Cars, "Volvo Cars," https://www.volvocars.com/, 2018.

은 멀쩡하니 정말 안전한 차라며 볼보의 안전을 더 신뢰할까? 여러 조사 결과를 종합하면, 볼보가 더 안전한 차라는 인식을 확산하는 데 이 광고가 크게 기여했음을 확인할 수 있다. 광고 창작자들은 자동차 광고의 보편적 접근 방법에서 탈피해, 소비자들을 대조contrast에 의한 선택적 지각으로 유도했다. 대조란, 습관적으로 인식하는 일반적인 조건에 변화를 줌으로써 사람들이 대상을 지각하게 한다는 소비자 심리학 용어다.

우리들은 모두 매 순간마다 우리에게 다가오는 어떤 자극 앞에서 선택해야 하는 상황에 직면하지만, 모든 자극을 다 받아들이지 않고 관심이 있는 자극만을 받아들이는 경향이 있다. 소비자들 역시 날마다 다양한 자극 앞에 노출되지만 그중에서 극히 일부의 자극만을 지각하게 되는데, 이를 선택적 지각selective perception이라고 한다. 아무리 많은 제작비를 투자해서 만든 광고라도 소비자의 관심사가 아닌 경우일 때는 받아들이지 않는 반면, 소비자의 기대치에 맞을 때는 간단한 아이디어만으로도 주목을 끌게 된다.

소비자들은 자신의 마음에 드는 메시지에 대해서는 주의를 기울이지만, 자신의 기대에 어긋나는 자극에 대해서는 의도적으로 회피하는 경향이 있는데 모두 선택적 지각의 맥락이다. 소비자의 선택적 지각은 그 자극이 어떠한 성질을 갖고 있는가 하는 '자극의 성질'과 개인의 욕구나 동기 같은 '개인의 특성'에 따라 결정된다. 볼보의 광고 창작자들은 소비자들에게 익숙한 장면을 바꾸고 변화를 주는 대조에 의해 소비자를 선택적 지각으로 유도하는 데 성공한 셈이다.

고정관념이란 고질적인 불치병이다. 고정관념이란 특정한 사람들이 지니고 있는 과잉된 일반화나 부정확하게 일반화된 신념이다. 매번 어떤 고정관념에 따라 의사결정을 한다면 나중에 가서 상당한 손실을 감수해야 하는 사태가 자주 벌어질 수 있다. '영국의 애플'이라고 하는 다이슨의 창업자 제임스 다이슨James Dyson은 비즈니스에 있어서 적이 누구냐는 질문에 자신의 유일한 적敵은 고정관념이라고 했다. 1993년에 창업한 그는 먼지 봉투 없는 진공청소기, 날개 없는 선풍기, 초음속 헤어드라이어 같은 창의적인 상품을 개발해 회사를 굴지의 기업으로 성장시켰다. 고정관념을 타파했기에 가능한 성과였다.

제4차 산업혁명 시대의 핵심 가치는 물리적 세계와 가상적 세계의 융합이다. 도도하게 다가오는 산업혁명의 물결을 헤쳐 나가려면 소프트웨어나 하드웨어만으로는 부족하다. 창의적 발상의 원천인 브레인웨어brain-ware가 더 중요할 수밖에 없다. 이런 상황에서 기업 경영에서나 일상생활에서나 고정관념은 브레인웨어를 활성화시키지 못한다. 진화나 발전을 병들게 하는 암세포일 뿐이다. 이제, 몸 근육만 유연하게 만들려고 하지 말고 생각의 유연성도 키워야 할 때다. 찌그러진 자동차 광고처럼.

애플 컴퓨터가 매킨토시를 소개합니다

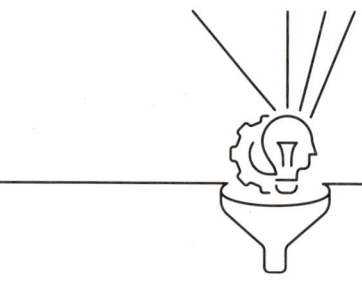

미국 현지 시간으로 1984년 1월 22일, 텔레비전 시청자들의 시선은 프로풋볼리그[NFL] 결승전인 슈퍼볼 중계방송에 쏠려 있었다. 애플은 슈퍼볼 중계방송 시간에 매킨토시의 탄생을 알리는 '1984년' 편을 내보냈다. 기존에는 주로 30초 광고가 나갔는데, 애플은 60초짜리 광고를 선보여 세계의 시청자들을 사로잡았다. 플로리다주의 탬파 스타디움에서 벌어진 제18회 슈퍼볼에 초대된 팀은 LA레이더스와 워싱턴 레드스킨스였다. 이날 LA레이더스가 최초로 슈퍼볼의 승자가 되었

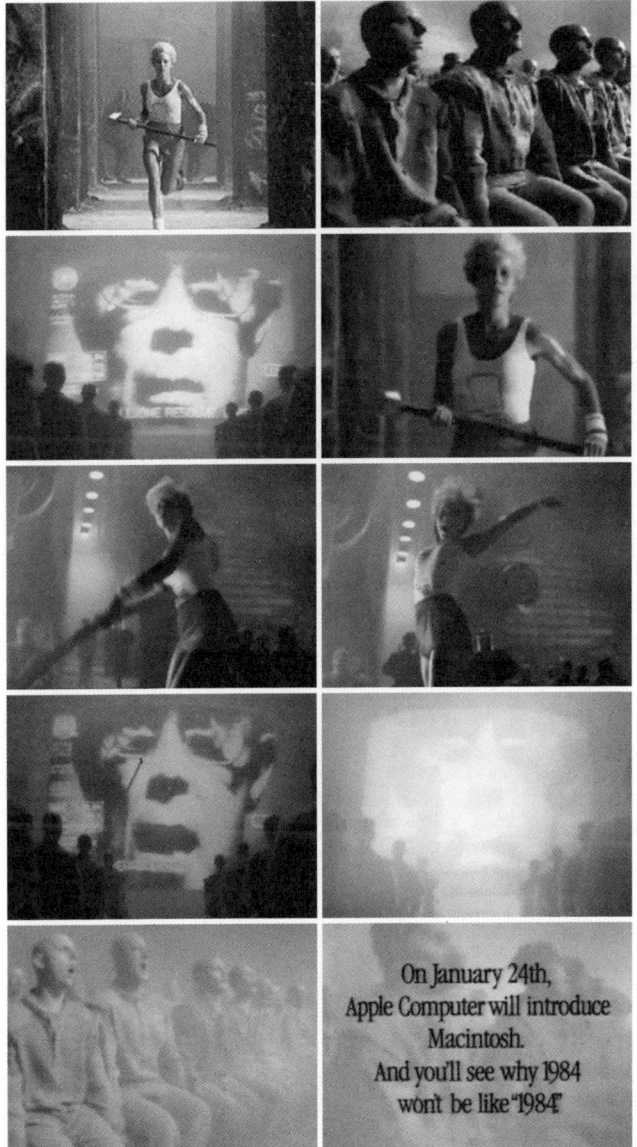

지만, 사람들은 애플 컴퓨터 광고와 스티브 잡스를 더 기억하는 이변이 일어났다.

이 광고는 사람들이 극장에서 멍하니 대형 스크린을 응시하는 장면으로 시작된다. 모두들 경직된 자세로 앉아 표정이 굳어 있어 숨이 막힐 것만 같다. 대형 스크린에서는 화면 전체를 가득 채울 정도로 얼굴을 부각시킨 한 남자가 열변을 토하고 있다. 마치 '빅 브라더 big brother' 같다. 이때 갑자기 금발머리 여성이 통로를 가로질러 뛰어온다. 경찰이 제지했지만 그녀를 막을 수 없다. 그녀는 저지선을 뚫고 강당으로 뛰어와 해머를 뱅뱅 돌리더니 스크린을 향해 힘껏 내던진다. 대형 해머는 빙빙 돌며 화면을 향해 날아가더니 스크린을 산산이 부셔버린다. 그 순간 다음과 같은 카피가 흘러나온다.

"1월 24일, 애플 컴퓨터가 매킨토시를 소개합니다. 당신은 1984년이 왜 '1984년'과 같지 않은지 알게 될 것입니다." 영화 〈블레이드 러너〉로 유명한 리들리 스콧 감독이 광고를 제작했는데, 그는 당시에 세계 시장을 지배하던 IBM PC를 빅 브라더로 묘사했다. 광고 자막에 따옴표까지 해가며 소개하는 "1984"는 조지 오웰의 소설 『1984년』을 의미한다. 모두가 알다시피 『1984년』은 전제주의 지배 체제에서 한 개인이 저항하다 어떻게 파멸해가는지를 생생히 묘사하는 디스토피아 소설이다. 오세아니아의 권력 기구인 당은 허구적 인물 빅 브라더를 내세워 사람들의 사생활을 철저히 감시한다. 애플은 IBM PC를 빅 브라더로 설정했다. 매킨토시가 기존의 컴퓨터 세계를 끝장내고 전혀 새로운 영역을 개척하겠다는 의지를 천명한 것.

이 광고가 슈퍼볼 중계방송에 노출되기까지는 많은 어려움이 있었다. 애플 컨퍼런스에서 호평을 받았지만 위험한 메시지라며 슈퍼볼 광고 금지령을 내렸다. 이때 잡스와 함께 애플을 창업한 스티브 워즈니악 Steve Wozniak은 모험적 결단이 필요하다고 주장했다. 그들은 이사회가 금지하면 자비로라도 슈퍼볼 때 매킨토시 광고를 하겠다고 맞섰다. 우여곡절 끝에 방송된 이 광고는 46.4%라는 엄청난 시청률을 기록하며, 매킨토시를 새로운 범주의 컴퓨터로 각인시키는 데 성공했다. 하마터면 1980년대의 명작 광고 하나가 용도 폐기될 수도 있었지만 두 경영자의 뚝심으로 엄청난 성공을 거둔 셈이다.

이런 장면은 우리나라의 경영 현장에서도 얼마든지 많다. 놀라운 아이디어가 분명한데도, 자기 마음에 들지 않는다며 반대하는 간부들이 의외로 많다. 이럴 때는 어떻게 해야 할까? 알 리스와 잭 트라우트는 『마케팅 불변의 법칙』에서 22가지의 마케팅 법칙을 제시했는데, 두 번째가 범주의

법칙law of the category이다.▼

어떤 범주에서 첫째가 되기 어렵다면 기존의 상품 범주에 들어가기보다 어떤 시장에 최초로 뛰어들어 첫째가 될 새로운 범주를 개척하라는 것. 신상품이 경쟁사의 것보다 얼마나 좋은지 생각하기보다 어떤 범주에서 처음이 될 수 있는지를 고민하라는 뜻이다.

애플의 '1984년' 편은 단 한 번만 방영되었지만, 당시 컴퓨터 업계의 골리앗이었던 IBM에 대적하는 '다윗'으로 애플을 각인시키는 데 성공했다. 기존의 IBM보다 더 진화된 컴퓨터라고 주장하지 않고 전혀 다른 스타일의 컴퓨터라는 새로운 범주를 모색한 잡스와 워즈니악의 뚝심이 있었기에 가능한 일이었다. 이번 광고에서는 광고 내용에서도 배울 게 많지만, 이사진의 반대를 무릅쓰고 고집을 피운 두 사람의 일화에서 배울 점이 더 많다. "다르게 생각하라Think different"는 애플의 슬로건이다. 문법적으로는 "Think differently"가 맞지만, 광고회사 샤이엇데이Chiat/Day에서는 일부러 부사를 형용사로 바꿔 다르게 표현했다. 그래야 눈에 걸리고 귀에 걸린

▼
알 리스·잭 트라우트, 『마케팅 불변의 법칙』, 이수정 옮김, 비즈니스맵, 2008.

다는 이유에서다. 이 역시 숱한 반대에 부딪혔지만 광고 카피라이터가 고집을 꺾지 않았기에 불멸의 슬로건으로 자리 잡았다.

따라서 회사에서는 고집불통도 필요한 법. 이제 '아니요'라고 말하는 사람을 더 눈여겨보시기 바란다. 우리네 일상생활에서도 마찬가지가 아닐까?

미완未完의 아름다움, 'ingle ells, ingle ells'

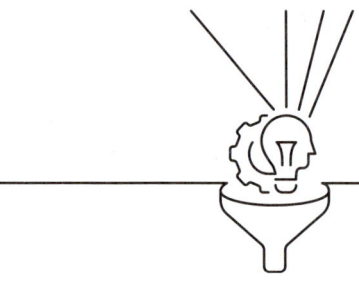

"ingle ells, ingle ells."

J&B 위스키의 '크리스마스' 편(1991)이 신문에 등장하자 미국인들은 깜짝 놀랐다. 도대체 이게 무슨 말이지? 이런 영어도 있나? 광고의 전체 배경을 녹색으로 처리하고 그 위에 "ingle ells, ingle ells."라는 헤드라인을 두 줄의 흰색 글자로 크게 뽑았다. 지면의 절반을 차지한 헤드라인은 주목을 끌기에 충분하지만 한참 동안 고개를 갸웃거리게 했다. 하지만 아래쪽의 바디카피를 보는 순간 사람들은 저절로 무릎을 쳤으리라. "J&B 없는 휴일은 (J&B 있는 휴일과) 같지 않습니

J&B 위스키 인쇄광고 '크리스마스' 편(1991).

J&B 위스키 교통광고 '크리스마스' 편(1991).

J&B 위스키 트레이드마크(1991).

다.^{The holidays aren't the same without J&B"}

광고 창작자들은 바디카피에서 J&B만 빨강색으로 처리해 헤드라인에서 J&B 알파벳을 일부러 뺀 것을 알 수 있게 했다. 이쯤 되면 소비자들은 빠져 있던 J자와 B자를 헤드라인에 채워 넣으며 자연스럽게 "Jingle Bells, Jingle Bells"를 흥얼거리게 될 것이다. 이 광고는 소비자로 하여금 저절로 노래를 흥얼거리며 헤드라인에 제이J와 비B를 채우기를 유도했다. 심리학에서 말하는 완결성의 원리를 적용한 것. 완결성이란, 어떤 자극물이 불완전해 보일 때 잘못된 요소를 고치거나 빈 곳을 채우려 하는 지각자의 성향이다. 사람들은 완결된 것보다 미완의 대상을 더 잘 기억한다는 성향을 고려한 광고다.

리투아니아 심리학자 블루마 자이가닉^{Bluma Zaigarnik}이 베를린 대학교에서 사회심리학자 커트 르윈^{Kurt Lewin}의 지도를 받으며 공부하던 시절, 그녀는 간단한 과제를 제시하며 실험을 했다. 한 집단은 과제를 끝마치게 하고 다른 집단은 과제를 하는 도중에 중단시킨 다음, 실험 참가자들에게 과제에 대한 기억을 조사했다. 그랬더니 과제에 대한 기억도가 과제를 중

김병희, 「신곡은 없는가: 노래체 광고」, 『광고와 대중문화』, 한나래, 2000, pp.94-97.

단한 집단이 모두 끝마친 집단보다 1.9배나 높게 나타났다. 이미 해결한 문제보다 해결하지 못한 과제를 사람들이 더 오랫동안 기억한다는 내용의 논문인 「완결된 과제와 미완의 과제에 대하여On Finished and Unfinished Tasks」를 1927년에 발표한 이후, 자이가닉 효과Zaigarnik effect는 미완성의 과제를 더 잘 기억하는 인간의 심리를 설명하는 용어로 정착되었다. 사람들이 골프를 치고 나서 잘 친 샷보다 실수 샷을 더 오래 기억한다는 사실을 생각해보면 쉽게 수긍할 수 있는 이론이다. 이미 이루어진 사랑보다 미숙한 나이에 안타깝게 헤어져 이루어지지 못한 첫사랑을 더 자주 더 오래오래 기억하는 현상도 자이가닉 효과로 설명할 수 있으리라. 그래서인지 모든 첫사랑은 미완未完의 사랑으로 남는 경우가 많다. 인간은 하던 일을 끝까지 완성하려고 하는 경향이 있다. 미완의 과제로 남기면 스트레스를 받고 두고두고 안타까워하기 때문에 자이가닉 효과는 설득력이 높다.

다들 아시다시피 J&B 스카치 위스키는 1749년 이래로 스코틀랜드 위스키를 대표하는 브랜드이다. 이탈리아인 저

▼
https://www.psychologistworld.com/memory/zeigarnik-effect-interruptions-memory#references

스테리니Justerini와 영국인 브룩스Brooks가 힘을 합쳐 만든 회사 이름 J&BJusterini & Brooks가 그대로 브랜드 이름이 되었다. J&B 광고에서는 광고에서 해답이나 정보를 100% 제공하지 않고 소비자들이 상상할 수 있는 여지를 남겨둔 불완전한 메시지를 전달함으로써, 소비자의 호기심을 오히려 더 자극하고 더 오래 회상하게 하는 자이가닉 효과를 기대했다.

지난 2007년에 63세로 작고한 다이앤 로스차일드Diane Rothschild가 사십대에 만들었던 이 광고의 영향력이 얼마나 대단했던지, 미국특허청USPTO은 "ingle ells, ingle ells, the holidays aren't the same without J&B"를 연방 트레이드마크로 등록하는 것을 허용했다.(등록번호 74215757) 광고의 성공으로 인해 1991년 크리스마스 시즌의 J&B 위스키의 매출은 1990년의 같은 기간보다 25.7%가 증가했다. 그 후로도 해마다 크리스마스 시즌이 되면 이 광고가 기억나고 징글벨 노래가 나오면 저절로 '잉글엘~ 일글엘'을 흥얼거리며 J&B 위스키를 구매하게 된다는 소비자 조사 결과도 많다. 벌써 사반세기 전에 만든 광고가 올 크리스마스 시즌에까지 영향을 미칠 만큼 오래오래 기억되는 셈이다.

Dennis Hevesi, "Diane Rothschild, 63, a Creative Force in Ads, Dies," http://www.nytimes.com/2007/04/06/business/06rothschild.html, 2007. 4. 6.

'좀 다른' 새해 축하 광고

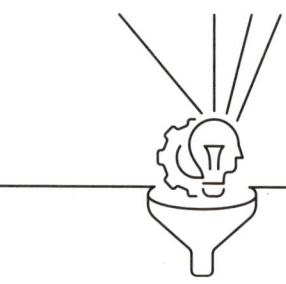

12월이 지나면 어김없이 새해가 밝아온다. 모두가 새해의 꿈을 설계하시리라. 한 해 동안의 생활 경영 계획을 짜는 것이나 마찬가지다. 각자의 생활이 다 다를 테니, 복 많이 받으시라는 말은 그냥 하는 인사치레일 수 있다. 기업도 새해의 꿈을 담아 경영 계획을 수립한다. 새해를 축하하는 연하장이나 신문광고는 고객이나 지인들에게 보내는 첫 인사다. 새해 축하 광고에 한 해 동안의 경영 철학을 담아 진심어린 인사말을 건넬 수도 있을 터.

그런데도 "새해 복 많이 받으세요!", "근하신년謹賀新年", "하정賀正, 새해를 축하함" 같은 천편일률적인 메시지가 주변에 널려 있다. 기업들의 올 새해 축하 광고에도 "새해 복 많이 받으세요!", "근하신년", "하정" 같은 진부한 메시지가 어김없이 등장한다. 기업 철학이나 브랜드와의 상관성brand relevance을 고려하지 않고 상투적인 새해 인사를 하고 있으니 광고비가 아까울 뿐이다. 외국에서는 새해 축하 광고에서 어떻게든 브랜드와의 상관성을 고려하려고 노력한다. 외국의 새해 광고에서 그 사례들을 살펴보자.

스위스에서 집행된 맥도날드 새해 광고(2000)에서는 상품 메뉴인 감자칩을 공중에서 폭죽이 터지는 것처럼 배치해 새해의 들뜬 분위기를 한껏 띄웠다. "행복한 새해Happy New Year"라는 헤드라인으로 새해 인사를 전하면서도 맥도날드 매장의 감자칩을 연상하도록 했다. 까만 바탕에 노란 감자칩을 선명하게 대비시키며 새해 축하 분위기를 연출한 아이디어 발상력이 놀랍다.

중국인의 마음을 설레게 했던 랜드로버 새해 광고(2012)를 보는 순간, 눈이 쌓여 있는 험준한 겨울 산이 가득히 들어온다. 눈이 쌓여 오도 가도 못할 것 같은데 구불구불한 산허리를 헤드라이트를 켠 자동차들이 꼬리에 꼬리를 물고 달려

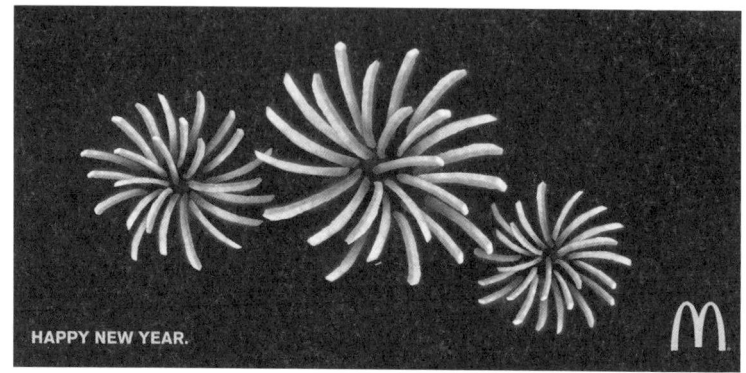

맥도날드 광고(스위스, 2000).

랜드로버 광고(중국, 2012).

가고 있다. 지면의 오른쪽 상단에는 "기쁜 새해 왕성한 기상新春快樂 龍馬精神"이라는 새해 인사말을 배치했다. 중국에서 롱마龍馬는 용을 닮은 준마라는 전설의 동물이니, 중국의 사자성어 '롱마징션龍馬精神'은 왕성하게 위로 뻗어나가는 정신과 기상을 의미한다. 크리스 고데니어Chris Gordaneer의 뛰어난 사진 솜씨는 기쁜 새해를 맞이해 랜드로버를 타고 왕성한 기상으로 어디든 다녀오라는 메시지를 전달하기에 충분했다.

레바논에서 집행된 카스타니아Castania의 새해 광고2013에서는 땅콩으로 행복한 새해 분위기를 연출해냈다. 카스타니아는 땅콩과 밤을 주로 판매하는 레바논의 유명한 너츠 브랜드다. 광고회사 BBDO에서 만든 이 광고에서는 브랜드 상관성을 고려해 "행복한 새해"라는 카피 메시지를 땅콩 껍질과 알맹이와 연결시켜 제시했다. 나아가 축하 메시지에 재미 요소를 가미해 새해를 '땅콩껍질 속의 연가戀歌'처럼 형상화했다.

스리랑카 자동차연합AMW의 새해 광고(2008)에서도 브랜드 상관성을 고려한 점이 가장 돋보인다. 자동차 관련 업무에 알맞게 도로 표지판을 16개 준비해서 표지판 하나에 알파벳 한 자씩을 배치했다. "Happy New Year 2008"이 마치 도로 위에서 결정되기나 한다는 듯이. 새해 인사와 자동차

카스타니아 광고(레바논, 2013).

AMW 광고(스리랑카, 2008).

터키항공 광고(터키, 2013).

관련 업체의 특성이 만나 서로 간에 시너지 효과를 일으키고 있는 셈이다.

터키항공의 새해 광고(2013)에서는 송년에서 새해로 이어지는 여행지의 풍경을 몽환적으로 그려놓았다. 이 멋진 장면을 본 사람이라면 누구나 한번쯤 떠나고 싶은 마음이 들 것 같다. "바라는 어느 곳에서든 행복한 새해를 맞이하라Have a Happy New Year Anywhere You Wish!"는 헤드라인은 항공사의 특성을 적절히 반영한 새해 인사말이다. 바닷가의 환상적인 야자수가

폭스바겐 광고(브라질, 2001)와 듀라셀 광고(미국, 2006).

엑스 탈취제 광고(네덜란드, 2008)와 듀렉스 콘돔 광고(이탈리아, 2011).

넌지시 손짓도 하고 있으니 더욱 그렇다.

브라질에서 집행한 폭스바겐 새해 광고(2001)에서는 폭스바겐Volkswagen이 자동차라는 점을 고려해 커다란 사철나무 사이로 보이는 신호등 색깔을 활용해서 새해를 맞이하는 축하 메시지를 전했다. "새해 연휴 동안 조심해서 운전하세요Drive carefully during the New Year's holiday"라는 헤드라인은 나뭇가지 사이로 보이는 신호등 색깔과 너무도 잘 어울리는 인사말이다. 크리에이티브 디렉터 마르셀로 세르파Marcello Serpa의 감각이 빛나는 대목이다.

미국의 듀라셀 새해 광고(2006)에서는 음극(-) 없이 모두 양극(+)만 있는 건전지로 지면 전체를 가득 채웠다. 모두 양극만 있는 예외적인 상황을 제시함으로써, 손해 보는 나쁜 일(-) 없이 모두 좋은 일(+)만 있기를 바란다는 메시지를 은유적으로 표현했다. 그래서 헤드라인에서는 "우리 모두에게 2006년은 훌륭한 해가 될 것입니다For all we know 2006 will be a wonderful year"라는 긍정의 메시지를 더욱 강조했다.

네덜란드에서 집행된 엑스 탈취제 새해 광고(2008)에서는 여성 속옷을 공중에 뿌려놓은 듯 배치했다. 우리나라의 새해 아침에는 절대로 상상할 수 없는 일. 남성용 탈취제deodorants를 주로 판매하는 알프레드 인터내셔널에서는 소비자들이 이전 광고를 통해 기억하는 엑스 효과^{The AXE Effect}도 강조했다. 남자들의 머릿속에 여성 속옷을 뿌려놓은 채, 새해 아침부터 "엑스를 뿌리면 인기 있는 남자가 된다", "향기는 남자의 무기가 된다" 같은 이전 광고의 카피까지도 소환하려고 했다.

이탈리아 신문에 실린 듀렉스 콘돔 광고(2011)에서는 "모든 이탈리아인들이 위대한 한 해를 맞이하길 바란다^{We wish all Italians a grand year to come}"는 헤드라인을 지면 전체에 휘갈겨 썼다. 헤드라인의 시작 부분에서 다이너마이트가 폭발하는데 휘갈겨 쓴 서체가 보통의 글씨체가 아니다. 지면 아래쪽을 보니 다이너마이트의 불꽃 심지가 남자의 고추 모양이다. 그곳에서 뿜어져 나온 무엇으로 '위대한 한 해'를 보내라는 글씨를 써서 듀렉스 콘돔에 알맞게 새해 인사를 전했다.

설령 나라별로 아무리 문화적 차이가 크다 할지언정, 외국과 우리나라의 새해 축하 광고의 메시지나 기법은 달라도 너무 다르다. 올 새해의 기업 광고에도 '근하신년'이나 '하정_{賀正}' 같은 단어가 많이 등장한 것을 보면 씁쓸하다. 이 말들은 '연하장'이라는 단어와 함께 일본에서 들어왔다. 새해를 맞이해 연하장을 보내거나 축하광고를 하는 것은 원래 일본의 세시 풍속이었다. 일제 강점기 이후 우리나라에 유입된

'근하신년'이나 '하정' 같은 말이 지금도 계속 쓰이는 걸 보면 문화 침투란 이처럼 집요하나 싶다.

무엇보다 중요한 사실은 새해 축하 광고에 기업 철학이나 브랜드와의 상관성을 고려한 인사말을 해야 한다는 점이다. 브랜드와의 상관성도 없는데 그냥 해오던 대로 "고객 여러분! 새해 복 많이 받으세요"라는 광고 메시지를 접했다고 해서, 그 기업으로부터 정말 복을 받았다고 느끼는 소비자는 아마 단 한 명도 없으리라.

광고 표현에 있어서 상관성^{relevance}이란 광고 내용에 제품의 특성과 소비자 혜택을 곧바로 알 수 있는지를 나타내는 요인으로, 텔레비전 광고나 인쇄 광고의 내용이 제품이나 브랜드와 관련되는 정도를 뜻한다. 제품이나 브랜드와의 관련성을 나타낸다는 점에서 일반적인 창의성과 광고 창의성을 구분하는 근거가 된다. 아직 새해 축하 광고를 집행하지 않았다면 브랜드와의 상관성이 높은 새해 축하 광고를 다시 만들어, 새해 벽두부터 다른 기업들과 차별화하시기 바란다.

가치를
재포지셔닝한다는 것

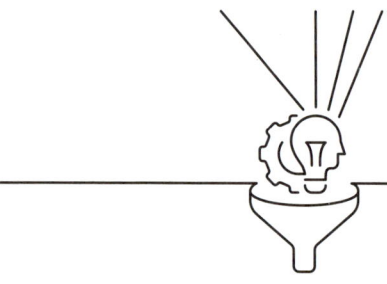

필립 모리스의 담배 말보로Marlboro의 '말보로 맨' 캠페인(1954-1999)을 보자. 카우보이라는 시각적 상징과 "맛이 있는 곳. 말보로의 나라로 오십시오Come to where flavor is. Come to Marlboro Country"라는 슬로건을 이용해 무려 45년 동안이나 장기 캠페인을 전개했다. 시각적 상징과 슬로건은 바꾸지 않고 계속 유지했다. 같은 주제로 이삼 년만 광고를 해도 지루해졌다면서 광고 메시지를 바꾸려하는 우리나라 광고주의 관행과는 너무 비교되는 대목. 이 캠페인에서는 광고 창의성을 평가하는 기

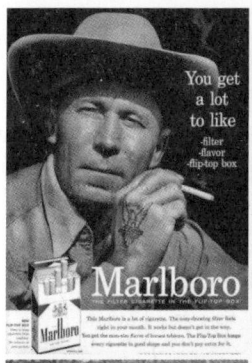

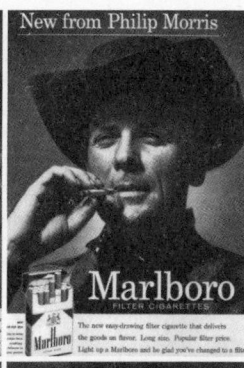

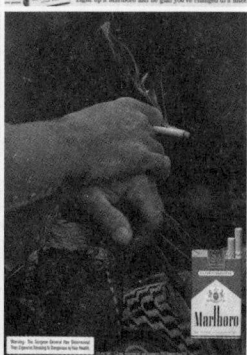

남성용 '말보로 맨' 캠페인(왼쪽 위에서부터 차례로 1954, 1954, 1955, 1966, 1971, 1973, 1980, 1981, 1987, 1990, 1999).

준의 하나인 영속성 차원이 돋보인다. 영속성이란 카우보이 상징과 슬로건처럼 핵심 메시지를 얼마나 장기간 지속적으로 활용할 수 있느냐 하는 기준이다.

이 캠페인에서는 상징체계를 활용해 말보로의 브랜드 이미지를 재포지셔닝Re-positioning하는 데 성공했다. 필립 모리스는 지난 1924년에 여성용 담배 말보로를 시장에 출시했다. 그 후 담배 시장이 서서히 필터 담배 위주로 변해가더니 1950년대에 접어들자 남성 흡연자들은 거의 다 필터 담배로 바꿔 피우는 경향이 나타났다. 당시만 해도 사회적으로 여성의 흡연에 대해 비난하는 일이 많았고 여성에 너그럽지 않은 분위기가 계속되자 말보로의 시장 점유율도 한계가 있을 수밖에 없었다. 고심을 거듭하던 필립 모리스의 경영진들은 광고인 레오 버넷Leo Burnett에게 말보로를 여성용 담배에서 남성용 담배로 이미지를 바꿔달라고 요청하기에 이르렀다.

고민을 거듭하던 레오 버넷은 많은 미국 남성들이 서부 개척 시대를 동경하고 있다는 점에 주목했다. 서부 영화에 나오는 거친 이미지의 카우보이를 상징으로 활용하면 말보로를 여성용 담배에서 남성용 담배로 재포지셔닝할 수 있으리라 기대했던 것. 그는 모든 상품에는 그 상품에 내재하는 고유하고 독특한 이야기가 있는데, 상품 자체의 고유한 이야기인 내재적 드라마inherent drama를 찾아내 이를 흥미롭게 전달하면 상품 이미지를 구축할 수 있다고 판단했다. 말보로 담배에서 그가 찾아낸 내재적 드라마가 서부 개척 시대의 카우보이 상징이었다. 그는 말보로만이 가질 수 있는 드라마적 요소인 카우보이를 소비자에게 간단하고 흥미롭게 제시하는 이미지 위주의 광고 아이디어를 생각했다.

그리하여 카우보이를 등장시킨 말보로 맨Marlboro Man 광고를 1954년에 처음 선보였다. 광고를 시작한 지 채 1년도 지나지 않은 시점에 말보로의 시장 점유율은 기존의 1% 미만에서 네 번째로 잘 팔리는 미국의 담배 브랜드로 떠올랐다. 확신을 가진 필립 모리스의 경영진과 레오 버넷은 영화배우 폴 버치Paul Birch 등을 여러 광고에 카우보이로 등장시켜 카우보이 이미지를 대대적으로 확산하는 데 동의했다. 말보로의 판매고는 1955년에 50억 달러에서 1957년에 200억 달러로 2년 만에 250%나 증가했다. 1999년까지 계속된 이 캠페인이 기존의 여성용 담배 광고와 얼마나 다른 느낌인지 옛 말보로의 1935년 광고와 비교해보면 금방 확인할 수 있다. 여성용 말보로의 "5월처럼 순한Mild as May"이라는 슬로건은 카우보이 상징이 대중적 인기를 얻으면서 "말보로의 나라Marlboro Country"로 순식간에 대체되었다.

여성용 말보로 광고(1935).

말보로 담배의 카우보이 상징에서 알 수 있듯이, 광고에서 상징을 잘만 활용하면 상품의 유한한 사용 가치는 무한한 상징 가치를 확보하게 된다. 광고에서의 상징은 독자적인 준거 체계와 주관적 경험에 따라 해석이 달라지기 때문에 소비자의 기대와 환상에 적절히 호응하는 드라마를 제공하지 못한다면 실패할 가능성이 높다. 이런 사실을 익히 알고 있던 말보로의 광고 창작자들은 대중들이 좋아하는 하렌Christian Haren, 존슨Brad Johnson, 맥라렌Wayne McLaren, 맥린David McLean, 해머Dick Hammer, 로손Eric Lawson, 윈필드Darrell Winfield 같은 스타들을 활용해, 서부의 야성적인 삶을 동경하는 남성들의 기대와 환상에 부응하고자 했다. 이렇게 함으로써 말보로를 남성용 담배로 재포지셔닝하는 데 성공했으며, 동시에 말로로 브랜드의 상징 가치를 높이는 데 크게 기여했다.

2

본질을 깊이깊이 파고들며

팔고 싶을 때, 슬쩍

아름다움은 누구에게나 있다

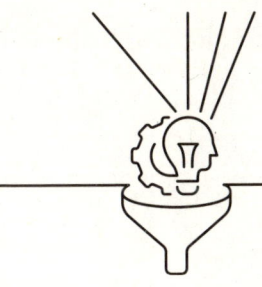

도브 브랜드는 지난 2004년부터 지금까지 '진정한 아름다움 Real Beauty' 캠페인을 전개하고 있다.

　장기 캠페인 중에서 도브Dove의 온라인 광고 '스케치' 편(2013)을 보자. 첫 장면에 1995년부터 2011년까지 산호세 경찰국에서 근무했고 자신을 법의학 화가forensic artist로 소개하는 FBI 소속의 길 자모라가 등장한다. 여성들이 "한 번도 가보지 못한 곳인데 보드 몇 개와 한 남자가 있었죠" "우리는 서로를 볼 수 없었어요"라고 말하는 순간, 자모라는 헤어스

타일을 물어본다. "그 사람이 뭘 하는지 알 수 없었죠. 몇 가지 물음에 대답하고 나서야 그가 저를 그린다는 걸 알았어요." "당신의 턱에 대해 말해보세요." "조금 돌출됐는데 웃을 때 더 그래요." "당신 턱이요?" "엄마는 제 턱이 나왔다 하셨죠." "가장 인상적인 특징은?" "얼굴형이 둥글고 통통해요." "나이가 들수록 주근깨가 늘어나네요." "이마가 크다는 말을 자주 들었어요." "스케치가 끝나면 인사하고 돌려보냈죠. 사람들의 실제 얼굴은 못 봤어요." "스케치하기 전에 클로이란 여자와 친해지라 했죠." 다음 장면에서 자모라는 이렇게 말한다. "오늘 저는 좀 전에 만난 여자의 얼굴에 대해 몇 가지 물을 겁니다."

그런데 사람들의 대답은 뜻밖이다. "그녀는 날씬하고 광대뼈가 커요. 그리고 턱이 예뻤죠. 가는 턱이었어요." "그녀는 눈이 참 예쁘고 이야기할 때 얼굴이 밝아져요." "코가 귀엽고 그녀의 파란 눈이 예뻐요." 다시 자모라가 등장해 "이건 당신의 도움으로 그린 그림이고, 이건 누군가가 당신을 설명한 그림이죠"라고 말하며 자신이 그린 몽타주 그림에 대해 설명한다.

"그렇군요. 이것은…" "첫 번째 그림은 우울해 보이고 뚱뚱해요. 닫혀 있는 것 같고." "두 번째 그림은 밝아 보여요. 친근하고 행복해 보여요." 그림을 보며 "제 자신의 아름다움에 감사해야겠어요" 하며 눈물을 훔치는 여성도 인상적이다. "친구를 사귈 때, 직장을 구할 때, 아이들을 대할 때 등…" "모든 것에 영향을 미치거든요. 자신을 행복하게 하는 데 너무나도 중요하죠." "당신이 생각하는 자화상보다 실제 당신이 더 아름답다고 생각하세요?" "네." "문제점을 알고 해결하려고 계속 노력하셔야죠." "그리고 자신을 제대로 알리고 더 많이 노력해야죠." 이런 독백들이 흘러나오는 가운데, "당신은 당신이 생각하는 것보다 더 아름답습니다 You are more beautiful than you think"라는 자막이 뜨며 광고가 끝난다.

이 광고에서는 전문가의 스케치 몽타주를 통해 '진정한 아름다움'이 무엇인지 전달하고 있다. 여성들은 FBI에서 범인의 몽타주를 그리는 자모라에게 자신의 모습을 부정적인 내용으로 묘사한다. 그 후 그 여성을 처음 만난 다른 사람이 여성의 모습에 대해 이야기하면, 자모라는 두 장의 몽타주 그림을 그리는 구성이다. 결국 자신의 묘사에 따라 그린 그림에 비해 타인의 말대로 그린 그림이 훨씬 아름다웠고 실제 모습에 더 가까웠다. 이 광고는 2013년 4월 14일에 노출된 이후 세계적으로 큰 반향을 일으켰고, 그해 유튜브에서 1억 7천만이 넘는 조회 수를 기록했다. 2013년의 칸 국제광고제에서 그랑프리를 수상하기도 했다.

  2004년, 광고회사 오길비 앤드 매더(뒤셀도르프/런던)는 독일과 영국에서 도브의 '진정한 아름다움Real Beauty' 캠페인을 시작했다. 사전에 20개국의 여성 6,400여 명에게 설문조사를 실시한 결과 96%가 스스로를 아름답지 않다고 했고, 오직 2%만이 자신이 아름답다고 응답했다. 반면에 다른 여성들이 아름답다고 응답한 사람은 80%에 이르렀다. 남의 떡이 커 보이는 현상이 나타난 것이다. 설명하기 어려운 상황에 주목한 도브는, 2004년에 유럽의 주요 거리와 벽면의 옥외광고를 통해 아름다움이란 무엇인가에 대한 본질적인 질문을 던졌다.

  미국의 생활용품회사 유니레버Unilever는 P&G의 오레이Olay에 대응하기 위해 1990년에 도브를 출시했지만 브랜드 인지도가 낮아 시장에서 맥을 못 췄다. 이 옥외 광고는 인쇄 광고에 비해 30배 이상의 효과를 나타냈다. '진정한 아름다움' 캠페인은 할리우드 스타들의 긴 금발 머리를 동경하는 여성들에게 자신의 머리를 사랑하자는 '가발을 던지자Flip your Wig' 편(2005), 각자가 생각하는 아름다움이란 누가 알려준 것에 불

Jack Neff, "Dove Campaign for Real Beauty," https://en.wikipedia.org/wiki/Dove_Campaign_for_Real_Beauty, 2018.

과하다며 수천만의 캐나다 사람들을 감동시킨 '진화Evolution' 편(2006), 아름다움에 대한 판단을 남에게 맡기지 말고 스스로 판단하라는 '아름다운 선택Choose Beautiful' 편(2015)으로 계속되었다.

도브 광고에서 소비자들에게 전달하는 핵심 메시지는 한결같다. 남들이 강요하는 미의 기준을 내려놓고 스스로 자신의 아름다움을 발견하라는 것. 우리는 모두 아름다움을 간직한 아름다운 사람들이다. 우리 스스로도 자신의 아름다움을 평가절하하지 말자. 진정한 아름다움은 누구에게나 있으니까.

Angela Celebre & Ashley Waggoner, "The good, the bad, and the ugly of the Dove Campaign for Real Beauty," Dentonhttp://www.in-mind.org/article/the-good-the-bad-and-the-ugly-of-the-dove-campaign-for-real-beauty, 2016.

속도가 아닌 방향

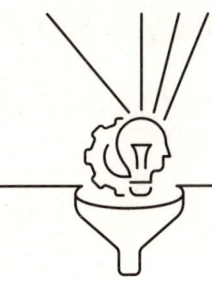

떠나지 못하는 이유도 참 많다. 바쁘니까. 빨리빨리 끝마쳐야 하니까. 돈도 없고 시간도 없으니까. "떠나라, 열심히 일한 당신!" 이런 광고 카피도 있었지만, 어떻게 해도 떠나지 못하는 사람들이 있다. "바쁘니까 애들 데리고 당신이나 다녀와요." 이렇게 말하는 경영자도 많으리라. 경영자들은 바쁘다는 이유를 가장 많이 댄다. 하지만 돌아가는 물레방아 속에도 손 들이밀 틈은 있다고, 잠깐씩 짬을 내 여행을 떠나는 사람도 있다. 여행이란 모름지기 훌쩍 떠나버려야 한다. 그렇지 않으

JR히가시니혼의 '청춘 18 티켓' 광고 시리즈.

면 절대로 떠나지 못한다. 앞만 보고 빨리빨리 달려온 우리들, 여행을 통해 인생의 방향은 물론 경영의 방향 감각도 되찾을 수 있을 터. 일본의 철도 광고에서 천천히 가는 여행의 가치를 느껴보자.

JR히가시니혼JR東日本 철도의 광고 캠페인 '청춘 18 티켓' 시리즈는 천천히 가는 여행의 가치를 느끼게 한다. "청춘 18 티켓青春18きっぷ"이라는 철도 패스를 알리기 위해 장기간에 걸쳐 집행한 각 광고의 카피를 순서대로 제시하면 다음과 같다.

"역에 도착한 열차에서 고교생인 내가 내렸다."(1998)
"벌써 사흘 동안 TV를 보지 않았다."(1998)
"아아, 여기다, 싶은 역이 분명히 있다."(1999)
"학교를 졸업하면, 봄은 소리 없이 가버리게 된다."(1999)
"여름 방학에는, 늦잠이 가장 아깝다."(2001)
"왜일까. 눈물이 나왔다."(2001)

JR히가시니혼은 일본 국유 철도가 1987년 4월 1일에 민영화됨으로써 발족한 7개의 주식회사를 총칭하는 표현이다. 청춘 18 티켓은 신칸센新幹線 이외의 모든 완행열차(일부 쾌속열차 포함)를 금액과 구역 또는 횟수에 관계없이 5일 동안 마음껏 승하차할 수 있는, 일본에서 가장 저렴한 철도 패스다. 일정 기간에만 이용할 수 있는 제약도 있지만 가장 저렴하게 일본 전국을 여행할 수 있다. 티켓 명칭에 숫자 18이 들어 있다고 해서 18세 이하만 가능한 게 아니라 국적과 나이에 관계없이 누구나 자유롭게 이용할 수 있다.

청춘 18 티켓 시리즈 광고에서는 일본 전역을 무대로 달리는 열차를 소재로 삼아 천천히 가는 여행의 의미를 감성적인 카피로 담아냈다. 여행을 하면서 성찰의 시간을 갖자는 메시지가 철도가 달리는 장면과 어울리며 한 폭의 풍경화를 그려내고 있다. 상품 정보를 감성적이고 시적으로 표현하는 정서형 헤드라인을 써서 사람들의 감정에 호소하고 있다. 정서형 헤드라인은 자칫하면 시적 표현에 빠져 상품과의 상관성을 놓칠 가능성이 많은데, 이 광고에서는 '청춘 18 티켓'의 혜택을 여행의 매력으로 승화시키는 데 성공했다. 해를 거듭할수록 호평을 받았던 광고들을 조금 더 살펴보자.

"'빨리 도착하는 것'보다도 소중히 하고 싶은 것이 있는 분에게."(2000)

"모험이 부족하면 좋은 어른이 될 수 없다."(2002)

"자신의 방에서, 인생 같은 걸 생각할 수 있을까?"(2002)

JR히가시니혼의 '청춘 18 티켓' 광고 시리즈.

"여행의 즐거움은 거리의 제곱에 비례한다. E=(km)^2"
(2003)

"여행은 새하얀 도화지다."(2005)

"천천히 가기에 보이는 것."(2008)

    이 밖에도 주옥같은 카피들이 많다. 20여 년 동안 수십 편의 광고가 나왔지만 하나도 버릴 게 없다. 배경 사진과 카피만 봐도 훌쩍 떠나고 싶다. 마음을 울리는 카피 하나하나에 천천히 가는 여행에 대한 통찰이 담겨 있다. 캠페인을 진행한 결과, JR히가시니혼의 브랜드 선호도가 해마다 2~3%씩 신장되었다. 많은 일본인들이 철도를 더 자주 이용했고, 낡은 교통수단에서 인간미가 넘치는 따뜻한 철도로 브랜드 이미지도 바뀌었다. 청춘 18 티켓은 학생들과 배낭 여행족의 필수품으로 자리 잡았다. 여러 광고들은 전일본광고협회[ACC]의 주요 광고상을 휩쓸었으며, 일본인들이 좋아하는 '국민광고'로 자리 잡았다.

"한 걸까, 안 한 걸까?"

프록터 앤드 갬블Procter & Gamble의 머리 염색약 클래롤Clairol의 장기 캠페인 "그녀는…" 편(1957, 1963)을 보자. 광고 캠페인을 시작하기에 앞서 1957년에 조사를 했더니 염색을 하느냐 하지 않느냐는 질문에 대해 15명 중에 단 1명만이 인공 염색약을 사용한다는 안타까운 결과가 나타났다. 그 무렵 미국 사회에서는 상류 사회의 격조 있는 여성이라면 염색약hair dye 같은 건 쓰지 말아야 할 그 무엇으로 여겨졌다. 더욱이 그 무렵에 불황이 계속되었기 때문에 헤어 컬러에 신경 쓸 만큼 여

클레롤 론칭 광고(1957).

클레롤 광고 종합 편(1963).

성들의 마음이 여유롭지도 않았다.

    광고회사 FCB^{Foote, Cone & Belding}의 유일한 여성 카피라이터였던 셜리 폴리코프^{Shirley Polykoff}는 클래롤 광고를 맡고 나서 인공 염색약을 기피하는 현상을 어떻게 타개할지 깊은 고민에 빠졌다. 광고주는 놀랍게도 여느 광고주들과는 달리 여성들이 클래롤을 써봤더니 좋더라는 말을 떠벌리고 다니기를 원하지 않았다. 이른바 구전 효과를 노리지 말자는 뜻이었다. 대신에 다른 사람들이 봤을 때 자신이 염색약을 썼는지 안 썼는지 알 수 없어, 염색을 했느냐고 물어보지 못할 정도로 헤어 컬러가 자연스럽게 보여야 하고 저절로 소비자들이 느끼도록 해야 한다는 것이었다.

    두 가지 과제를 놓고 고민하던 폴리코프는 뜻밖에도 미래의 시어머니가 될 분에게 첫 인사를 하러 간 자리에서 영감을 얻었다. 예비 시어머니는 곁에 앉은 자기 아들에게 귓속말로 폴리코프의 머리카락에 대해 이렇게 물었다. "염색을 한 거니? 안 한 거니?^{Does she color her hair, or doesn't she?}" 폴리코프는 순간 당황했지만 예비 시어머니의 말에 대해 곰곰이 곱씹으며 깊은 생각에 빠졌다. 예비 시어머니의 다른 질문에는 대충 건성으로 대답하다가, 어느 순간 몰래 혼자서 무릎을 쳤다. 이렇게 해서 "그녀는 한 걸까… 안 한 걸까?^{Does she... or doesn't}

she?"라는 호소력 있는 슬로건이 탄생했다.

15년 동안 캠페인이 진행되는 동안 수많은 여성들이 광고에 등장했고 모델이 바뀌었다. 평범한 주부가 혼자서 나오거나 아이와 함께 등장한 경우도 있었다. 가끔씩 트레이시 놀맨 같은 모델이 나오기도 했다. 하지만 언제나 헤드라인은 "그녀는 한 걸까… 안 한 걸까?" 하나로만 일관했다. "헤어 컬러가 너무 자연스러워 (염색했는지 안 했는지) 오직 미용사만 알고 있지." "갑자기 10살 더 젊게 보이면 남편이 뭐라고 할까?" "삶이 단 한 번이라면 금발로 살아보자." 가끔씩 이런 보조 카피를 덧붙이기도 했지만, 언제나 헤드라인은 바꾸지 않고 그대로 썼다.

이 캠페인은 여성의 미용 제품에 대한 대중의 인식을 변화시킬 정도로 엄청난 성공을 거두었다. 캠페인을 시작한 이후 6년 만에 성인 여성의 70%가 머리카락에 염색을 했고, 클래롤의 판매량은 4배나 늘어났으며, 판매액은 413%나 증가했다. 『타임』지의 조사 결과, 캠페인을 전개한 11년 후인 1967년에는 여성 두 사람 중에서 1명이 클래롤을 사용한다고 대답했다. 미국의 몇몇 주에서는 여성들에게 면허증을 발부받을 때 헤어 컬러 사진을 쓰지 못하게 할 정도가 되어버렸다. 나아가 이 캠페인을 통해 머리 염색은 부끄러운 비밀이라는 인식을 10억 달러 이상의 시장으로 바꾸는 데 결정적인 영향을 미쳤다. 폴리코프는 이 광고 하나로 광고 명예의 전당에 헌액되었다.

생물학적 측면에서 보통 50세가 될 무렵에는 여성의 약 50%가 흰머리가 생긴다고 한다. 물론 남성도 그 나이가 되면 흰머리가 생기는 사람들이 많지만 여성보다는 고민을 덜 하는 경향이 있다. 이런 상황에서 클레롤 광고는 염색에 대한 여성들의 인식을 바꾸는 데 크게 기여했다. 이제, 미국 여성의 75%가 머리카락 염색을 받아들이게 되었다. 이 캠페인의 가장 중요한 성공 요인은 대부분의 광고에서와는 달리 여성들이 클래롤을 쓴다고 널리 알리라고 강조하지 않고, 자신이 염색약을 썼는지 안 썼는지 말을 꺼낼 수 없을 정도로 자연스럽게 보이도록 함으로써 클레롤에 대한 확신을 갖게 하는 데 있었다. 백 마디 말보다 직접 느끼게 하는 것이 효과적이라는 사실을 이 캠페인은 실증적으로 보여주었다.

마케팅이 아니라 제품이 먼저다

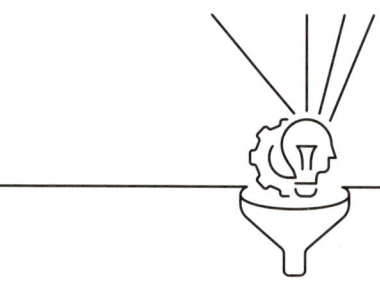

기업 경영에 관련된 용어 중에서 마케팅이란 말처럼 자주 쓰이는 말도 없다. 마케팅에 대해 공부한 사람이든 아니든, 입만 열면 다들 마케팅이 중요하다고 한다. 이제 막 개업한 1인 기업의 사장님도 마케팅이 중요하다 하고, 동네에 작은 문구점을 막 시작한 사장님도 마케팅을 해야겠다고 말씀하신다. 돈이 없어서 못하지 마케팅 수단의 하나인 광고도 하고 싶다고 한다. 적극적인 마케팅 활동은 모든 문제를 해결해주는 만병통치약일까? 정답은 여건이 안 될 경우 "마케팅을 줄여

라!"이다. 기다리는 것도 전략이니까.

　이럴 때 마케팅 활동을 줄이는 디마케팅demarketing 전략에 끌릴 수밖에 없다. 디마케팅이란 수익성 없는 고객에 대한 마케팅 활동을 의도적으로 축소해서 수요를 줄이거나 고객을 실속 있게 관리하려는 전략이다. 상위 20%의 고객이 수익의 80%를 창출한다는 80:20 법칙이 있다. 그 아래 40%의 고객은 수익의 30%를 창출하지만 하위 40%의 고객은 오히려 수익의 10%를 까먹는다. 고객이라고 해서 다 같은 고객일 수 없다. 이때 하위 40%의 고객은 디마케팅의 대상이 되어야 한다. 광고를 하지 않고도 우량 고객을 상대로 제품 소개를 어떻게 할 수 있는지, 광고가 아닌 광고방송의 사례를 통해 확인해보자.

　일본의 발뮤다BALMUDA는 광고를 하지 않는 기업으로 널리 알려져 있다. 마케팅 활동을 최소화하는 대신 프리미엄 고객을 대상으로 디마케팅 활동에 치중한다. 정식으로 광고를 하지 않고 홈쇼핑 같은 광고방송을 통해 제품을 알리거나 제품에 대한 동영상을 만들어 유튜브나 자사의 홈페이지에 올려 소개한다. 발뮤다의 공기청정기 제트 클린JetClean 광고방송 '부유물 실증' 편(2012)에서는 에어 엔진Air Engine이 초미세 먼지까지 흡수한다며 탁월한 기술력을 강조했다.

영상이 시작되면 소파에 사람이 앉는 순간 먼지가 날아오르며 다음과 같은 내레이션이 흐른다. "깨끗해 보이는 우리의 생활공간. 그러나 실제로는 눈에 보이지 않는 많은 부유물과 함께 생활하고 있습니다. 일상적인 실내 활동만으로도 쉽게 날아오르는 부유물 속에는 미세먼지, 꽃가루, 바이러스, 알레르기성 물질 같은 건강에 직접 나쁜 영향을 미치는 것들이 포함되어 있습니다."

동시에 "공기 중의 부유물을 철저하게 없애주세요空氣中の浮遊物を徹底的に取り除くために"라는 자막이 뜨며 화면으로 눈길을 끌어모은다. 실내 활동이 계속되는 한 공기 중의 부유물을 완벽히 제거할 수는 없지만, 발뮤다 에어 엔진이 분당 10,000리터 이상의 공기를 순환시기 때문에 부유물의 수를 크게 감소시킬 수 있다는 것. "에어 엔진은 실내의 모든 부유물을 빨아들이는 동시에 유해균을 제거하는 360도 효소 필터360°酵素フィルター를 채택했으므로" 공중에 떠다니는 바이러스도 단시간에 제거한다는 설명이 계속된다.

나아가 탈취 활성탄 촉매 필터가 암모니아나 포름알데히드 같은 냄새의 근원까지도 직접 분해해 제거하며, 터보팬으로 빨아들인 바깥의 청정 공기는 실내 구석구석까지 강력한 청정 바람을 분출한다고 했다. "에어 엔진은 곧바로 사용

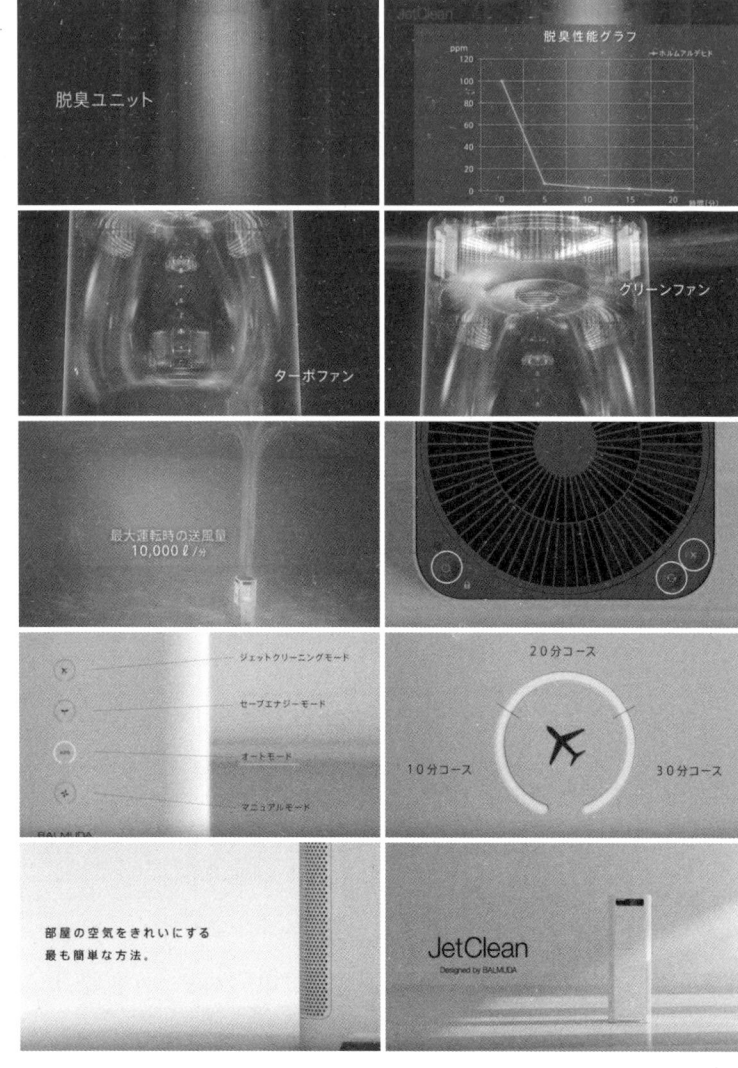

하기 쉽게 구성되어 있습니다. 작동 버튼은 단 3개. 평소에는 오토모드로 24시간 가능하고, 청소와 환기 직후나 황사 및 꽃가루가 심한 계절에는 제트 클린 모드를 10분, 20분, 30분으로 선택하고, 제트 클린을 최대 모드로 작동하면 서서히 풍량이 약해집니다." 이렇게 설명한 다음 "방의 공기를 청결하게 하는 가장 간단한 방법部屋の空氣をきれいにする最も簡單な方法"은 제트 클린 공기청정기라고 하면서 광고방송이 끝난다.

발뮤다는 열넷에 어머니를 여의고 열일곱에 고등학교를 중퇴한 테라오 겐寺尾 玄이 2003년에 설립한 가전 브랜드이다. 그는 학교를 그만두고 스페인을 거쳐 지중해 연안으로 1년 동안 여행을 떠났다가 록음악을 하겠다며 귀국해서 10여 년 활동했지만 결국 실패로 끝났다. 그 후 공장을 전전하다 창업해서 컴퓨터 주변기기를 만들었지만, 2009년 세계적인 금융 위기가 시작되자 자신을 포함해 직원 3명이었던 회사는 도산 직전으로 몰렸다.

고민을 거듭하던 테라오 겐은 지구 온난화 문제가 심각하니 좋은 냉난방 제품을 만들면 수요가 급증하리라 판단하고, 거래처 사장에게 돈을 빌려 초절전형 선풍기 '그린 팬Green Fan'을 만들었다. 그의 예측은 정확히 들어맞았다. 2009년 동일본 대지진 이후, 정전 사태를 우려한 소비자들이 그린 팬에 열광했고, 발뮤다는 도산 위기에서 벗어나 5년 동안 50배 이상이나 성장했다. 1인 기업으로 시작한 발뮤다는 2012년에 우리나라에도 진출했으며, 2018년 현재 종업원 85명의 강소기업으로 우뚝 섰다.

발뮤다는 디마케팅 원칙을 시종일관 유지해왔다. 테라오 겐 사장은 마케팅 비용은 거의 지출하지 않으면서도, 수천 번에 걸친 제품 실험 경비는 줄이지 않는 것으로 유명하다. 마케팅 비용을 줄여 제품을 잘 만들면 소비자는 저절로 따라온다는 것. 0.1밀리미터의 차이가 소비자의 마음을 가르기 때문에 프리미엄 고객의 마음을 얻으려면 먼저 기술력이 뛰어나야 한다는 것. 간결한 디자인과 뛰어난 기술력을 인정받은 발뮤다는 '소형 가전업계의 애플'이라는 칭호도 얻었다.

발뮤다의 그린 팬 선풍기, 스팀 토스터, 전기주전자가 다른 브랜드보다 7~8배나 비싼데도 소비자들이 발뮤다의 프리미엄 제품을 구매하는 데는 그럴 만한 이유가 있었던 셈이다.

모리야마 히사코, 『0.1밀리미터의 혁신: 5년 안에 50배 성장한 발뮤다 디자인의 비밀』, 김윤경 옮김, 다산4.0, 2017.

김현일, 「2017 헤럴드 디자인 포럼: 테라오 겐 발뮤다 창업자 '훗날 아들 회사와 경쟁하는 모습 그린다」, 『헤럴드 경제』 2017. 11. 8.

현대의 소비자는 압도적인 기술력은 물론 아름다운 디자인을 중시한다. 테라오 겐의 말처럼 "새로움은 며칠만 지나도 옛것이 되지만 아름다움은 100년이 지나도 아름답다"고 할 수 있다. 언제나 그렇듯이 마케팅보다 제품 자체가 중요한 법. 따라서 디마케팅 전략은 마케팅의 다이어트나 군살빼기라 할 수 있다. 얼핏 보면 고객 확보와 수익 창출을 거스르는 것처럼 보이지만, 기업의 수익 구조를 프리미엄 고객에 집중시키는 한결 수준 높은 전략인 셈이다.

방송에 정식으로 광고를 하는 것만이 능사는 아니다. 홈쇼핑 채널을 이용해 저렴한 비용으로 광고방송만 잘해도 얼마든지 효과를 기대할 수 있다. 검은 고양이든 흰 고양이든 쥐만 잘 잡으면 될 테니까. 입만 열면 마케팅을 하겠다고 노래 부르지 말고, 먼저 제품부터 잘 만들고 볼 일이다. 마케팅도 아니고, 광고도 아니다. 제품이 먼저다. 제품이 곧 광고이고 마케팅이다.

3

강력한 스토리텔링 파워로 팔고 싶을 때, 슬쩍

시간을 사고파는 상인

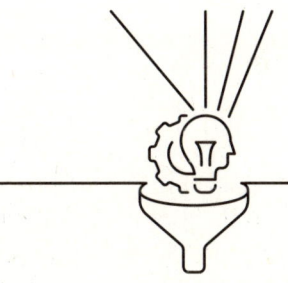

"당신이 헛되이 보낸 오늘은 어제 죽은 사람이 그토록 원했던 내일이다."

일찍이 소포클레스는 이런 말을 했다. 세상에서 가장 소중한 금 세 가지는 황금, 소금, 지금이라는 말도 있다. 모두 시간의 중요성을 강조한 말이다. 시간은 누구에게나 중요하지만 30분 혹은 1시간 단위로 시간을 쪼개 쓰는 사람들에겐 시간이 더 소중할 수밖에 없고, 시간의 가치를 더더욱 따질 수밖에 없다. 오죽했으면 시간을 금쪽같다고 표현했겠는가.

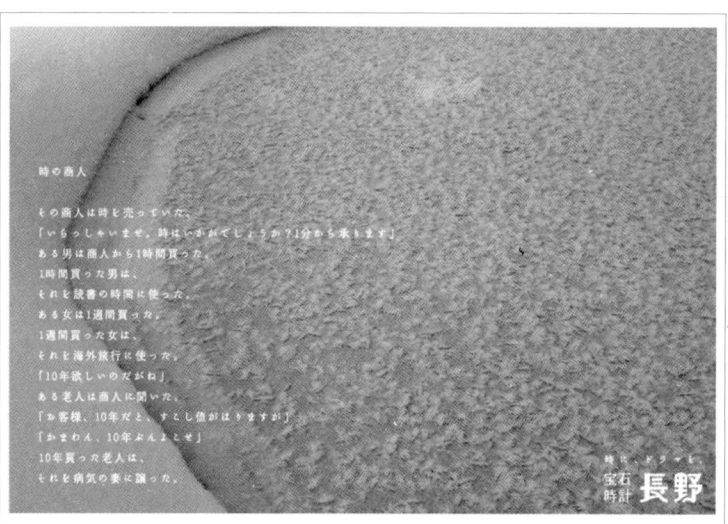

나가노 시계점의 광고 '겨울' 편(2006).

그렇지만 우리는 늘 시간의 중요성을 망각할 때가 많다. 시간은 모두에게 똑같이 주어지지만, 모두가 똑같이 시간을 쓰지는 않는다.

일본의 시계 광고에서 시간의 가치를 다시 한 번 되새겨 보자. 선물용 시계를 주로 파는 나가노 시계점長野時計店의 광고 '겨울' 편(2006)에서는 "시간의 상인時の商人"이라는 헤드라인 아래 다음과 같은 바디카피를 덧붙이고 있다.

"그 상인은 시간을 팔고 있었다.
'어서 오세요. 시간을 사시겠어요? 1분부터 주문받습니다.'
어떤 남자는 상인으로부터 1시간을 샀다.
한 시간을 산 남자는,
그것을 독서의 시간으로 썼다.
어떤 여자는 1주일을 샀다.
일주일을 산 여자는,
그것을 해외여행에 썼다.
'10년을 갖고 싶은데'
어떤 노인이 상인에게 물었다.
'손님, 10년이라면 꽤 비싼데요.'
'상관없네. 10년 치 주게.'

10년을 산 노인은,
그것을 병에 걸린 아내에게 양보했다.

시간에 드라마를, 나가노"

시계 광고에서는 보통 디자인이나 기능성을 강조한다. 일반 시계보다 향상된 기능을 장착하고 있다는 최근의 스마트 워치smart watch 광고에서도 거의 다 패션 감각이나 부가적 기능을 부각시키려 안간힘을 쓰고 있다. 하지만 나가노 시계점 광고에서는 시계를 직접 팔려 하지 않고 시간의 철학을 알려줄 뿐이다. 1분, 1시간, 1주일, 10년, 시간의 점층법을 통해 시간의 가치를 되돌아보게 한다. 병든 아내의 생명을 연장하려고 노인이 10년 치 시간을 사서 아내에게 선물했다는 대목에 이르면, 감동하지 않을 수 없다. 이 광고에서의 백미白眉다.

겨울 바다의 눈 덮인 백사장에 카피를 얹은 솜씨는 한 폭의 동양화 같다. 숱한 상념이 떠오르게 하는 겨울 바닷가. 한여름에는 해수욕장이었을 바닷가를 시각 자료로 삼아 시간의 흐름을 느끼게 했다. 더 놀라운 점은 시계점 광고인데 단 한 개의 시계도 보여주지 않았다는 사실. 제품 자체만으로도 상품 메시지를 전달하는 힘이 있기 때문에, 광고에서 제품을 보여줘야 한다는 건 누구나 다 아는 상식이다. 그러나 이 광고에서는 그런 상식을 타파하고, 제품을 보여주지 않음으로써 오히려 시계의 가치를 돋보이게 했다.

이 광고에서는 소비자 심리학의 주요 개념인 래더링(laddering) 원리를 활용했다. 래더링이란, 제품의 속성을 바탕으로 '왜?'라는 질문을 계속해나가며 혜택과 가치를 알아보는 사다리식 질문법이다.

'속성 → 혜택 → 가치'의 과정을 거치며 '어떤 제품인가'에서 '어떤 가치를 지닌 제품인가'로 바뀌어가는데, 이 광고에서는 시계의 속성을 시간의 가치로 승화시키는 데 성공했다. 시계점이란 시계를 만드는 곳이 아니라 시계를 파는 유통점이다. 그곳에 가서 시계를 사면 같은 시계라도 더 특별한 의미가 있을 것 같다. 로또 복권에 많이 당첨된 상점에 사람들이 몰려가듯, 이런 광고를 보고 나면 기왕이면 나가노 시계점에 가서 선물용 시계를 사고 싶지 않을까?

이 광고는 2006년 봄에서 겨울까지 계절마다 집행했던

▼

문영숙·김병희, 「소비자 인사이트: 심리타점의 발견과 적용」, 커뮤니케이션북스, 2015.

나가노 시계 시리즈 광고의 겨울 편이다. 시리즈 광고의 마지막 부분에서는 각각의 주제를 전달했다. 봄 편에서는 "시간의 관계"라는 헤드라인 아래 '시간에 마음을時に, ココロを'이라는 서정을, 여름 편에서는 "Happy Birth Time"이라는 헤드라인 아래 '시간에 두근거림을時に, トキメキを'이라는 설렘을 담았다. 가을 편에서는 "인간의 시간"이란 헤드라인 아래 '시간에 힘을時に, チカラを'이라는 파워를, 겨울 편에서는 "시간의 상인"이라는 헤드라인 아래 '시간에 드라마를時に, ドラマを'이라는 가치를 이야기했다. 시리즈 광고들은 1958년에 창업한 나가노 시계점의 이미지를 바꾸는 데 결정적인 영향을 미쳤다. 시계라는 제품이 아닌 시간의 가치를 팔았기에 가능한 일이었을 터.

'타임time'의 번역어인 '시간'이 때나 시각을 대체하며 이 땅에서 쓰이게 된 것은 개화기開化期 무렵부터이다. 그 전에는 대강 몇 시각 경 정도만 있었고 시간 개념은 아예 없었다. 사람들이 광고에서처럼 1분, 1시간, 1주일, 10년을 산다면 과연 그 시간을 얼마나 가치 있게 쓸 것인가? 1주일 정도

▼
김병희, 『광고로 보는 근대문화사』, 살림, 2014.

고민해야 할 일을 1시간 만에 결정하거나, 아니면 1시간 만에 결정할 수 있는 일을 1주일씩이나 질질 끌고 있는 건 아닌지, 시간의 가치를 따져봐야 한다.

기능성을 넘어 패션 감각으로 치닫는 스마트워치의 시대. 이런 때 굳이 아날로그적인 '시간의 상인'을 소개하는 이유는 시간을 잘 사고(자기만의 시간 갖기) 잘 파는(남에게 자기 시간 내어주기) 사람만이 정녕 뛰어난 상인이라는 사실을 환기하고 싶었기 때문이다. 물리적 시간보다 중요한 것은 주어진 시간을 가치 있게 쓰는 지혜가 아니겠는가.

눈가에 스르륵 눈물이…

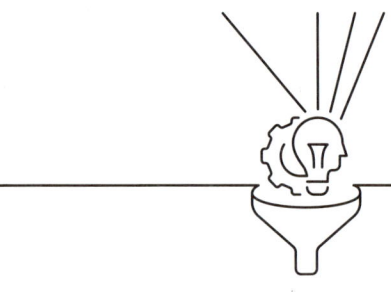

가족 행사가 많은 5월, 그중에서도 8일은 어버이날이다. 부모님 은혜에 감사하는 날이지만, 기업 입장에서는 마케팅 활동을 펼칠 절호의 기회이기도 하다. 2월 14일 밸런타인 데이나 3월 14일 화이트 데이, 또는 11월 11일의 빼빼로 데이까지는 나름의 이야깃거리가 있어 그래도 봐줄 만하다. 그런데 커플 데이(2월 22일), 삼겹살 데이(3월 3일), 3.14 원주율에 꿰맞춘 파이 데이(3월 14일), 착한 일 하자는 천사 데이(10월 4일) 등등 기억하기도 어려운 어떤 날들이 숱하게 생겨나고 있다.

그때마다 기업에서는 이른바 데이 마케팅day marketing을 전개한다. '기념일 마케팅'의 한국적 표현인 데이 마케팅의 역사는 생각보다 오래되었다. 기념일 마케팅은 1965년에 미국 오하이오 주립대의 마케팅 교수들이 물적 유통으로 경제적 재화와 서비스의 수요 구조를 예상하고 확대해 고객을 만족시키는 과정이라고 그 개념을 제시하면서 시작되었다. 뜻깊은 기념일을 챙기고 싶어 하는 소비자의 감성에 호소해 일시적으로 판매를 촉진하는 마케팅 전략의 일환이었다.

기업에서는 어버이날을 비롯해 기념일을 앞두고 광고를 한다. 그런데 대부분이 자기네 상품이 좋으니 많이 소비하라는 일방적인 주장에 그치고 있어 안타깝다. 브라질에서 방송된 일렉트로룩스Electrolux의 광고 '선물' 편(2014)에서는 일방적으로 주장하지 않고 마음으로 기념일의 의의를 느끼게 했다. 스웨덴에 본사가 있는 일렉트로룩스는 1919년 설립되었는데 미국의 월풀Whirlpool에 이어 세계 2위의 글로벌 가전업체다. 2001년에는 로봇청소기 트릴로바이트Trilobite를 출시해 선풍적인 인기를 끄는 등 진공청소기, 냉장고, 세탁기, 토스터,

▼
김병희, 「족보없는 기념일? 진솔한 스토리 담아라」, 『매일경제』, 2013. 3. 9.

커피메이커 등 다양한 브랜드의 신제품으로 시장을 선도하고 있다. 어머니날Mother's Day을 앞두고 방송된 일렉트로룩스의 광고 속으로 더 깊이 들어가보자.

광고가 시작되면 레치챠라는 여학생이 독백을 시작한다. "대학에 가게 됐어요." "고교생 이후 늘 상파울루를 떠나고 싶었어요. 대학 가려구요." 바로 내레이션이 이어진다. "상파울루를 떠날 때 뭐가 가장 힘들까요?" 레치챠는 조금도 망설이지 않고 이렇게 말한다. "엄마, 엄마를 떠나야 한다는 거죠." "엄마는 항상 이러셨죠. 그날이 오면 절대로 저랑 같이 공항에 가지 않겠다고요." "혼자서 다시 집에 가는 게 너무 힘들 거 같다면서요." 어느덧 레치챠는 공항에 도착한다. 그 사이에 엄마 혼자 양파를 썰고 야채를 다듬어 일렉트로룩스 가스레인지에 올려놓고 요리하는 장면이 등장한다.

이륙을 준비하는 비행기가 보였나 했더니 보자기로 음식을 싸고 있는 엄마의 바쁜 손놀림이 클로즈업 된다. 레치챠는 이륙한 기내에서 이어폰을 끼고 음악을 듣고 있는데, 갑자기 기내 방송이 나온다. "신사숙녀 여러분. 굿 이브닝. 방해해서 죄송합니다. 레치챠, 엄마가 메시지를 보내왔어요." 앞 의자의 등받이에 붙은 모니터를 켜자 그녀의 엄마가 방송 모니터에 등장한다. 깜짝 놀라며 환하게 웃는 레치챠. "안녕. 얼마나 멀리 가고 있는 중일까? 어쨌든 넌 떠났고, 난 여기 있구나. 대견하다. 오늘은 우리가 함께 보내지 못한 첫 번째 어머니날이네. 하지만 염려하지 말거라. 내가 받고 싶은 가장 큰 선물은 내 딸인 너야. 저녁 맛있게 먹어. 엄마가 손수 만든 거야. 종종 소식 주렴."

레치챠의 눈가에 스르륵 눈물이 흐른다. 스튜어디스가 엄마가 보내온 음식을 그녀에게 가져다주고, 탑승한 손님들이 흐뭇한 표정으로 그 장면을 되돌아본다. 앞에서 계속 포르투갈어(브라질 포르투갈어)로 말했던 것과는 달리, 마지막 장면에서는 영어 자막 두 개가 저속으로 흐르며 광고가 끝난다. "엄마는 어머니날에도 자식을 생각합니다.Your mother thinks of you even on her day" "엄마가 되는 게 어머니날의 가장 좋은 선물이기 때문에.Because being a mom is the best Mother's Day present"

보는 관점에 따라 어머니날인데 왜 딸이 엄마에게 선물을 주지 않고 엄마가 딸에게 선물을 주는지 의아해할 수 있다. 우리나라에서나 외국에서나 어버이날 광고에서 부모님 은혜에 감사하자는 내용으로 구성하는 게 보통이다. 하지만 광고 창작자들은 엄마가 딸에게 선물 주는 상황을 설정해 딸 위주로 이야기를 전개한 뒤 어머니날의 의미를 역으로 되새기도록 해서, 이야기 가치를 만들어냈다. "엄마가 되는 게 어머니날의 가장 큰 선물"이라는 카피로, 철딱서니 없는 자식들의 마음을 먹먹하게 했다. 사랑이란 받는 게 아니라 주는 것이라는 의미를 엄마의 마음에서 느끼도록 했다. 상식을 뒤집는 역발상의 통찰력으로 접근했기에 가능했다. 이 광고로 인해, 불황 속에서도 일렉트로룩스의 브라질 내 판매율은 11%나 증가했다.

지금도 우리나라에서는 데이 마케팅 활동을 다양하게 전개하는데 무늬만 기념일 마케팅에 가깝다. 데이 마케팅을 제대로 하려면 그날에 알맞은 이야깃거리를 찾아내 흥미롭게 구성하고 확산해야 한다. 이와 같은 이야기의 확산 가능성을 '이야기 가치 story value'라고 한다. 공감할 수 있는 이야기 가치를 제공해야 그날이 소비자에게 더 큰 의미로 다가가는데, 많은 기업들이 어떻게 해서든지 일방적으로 상품만 팔려고 한다. 한마디로 여유가 없고 너무 성급하다.

이야기의 진정한 가치는 우리 주변에 늘 있는데도 무심해서 놓치는 것을 발견하는 역발상의 통찰력에서 나오는 경우가 많다. 시장 분석이나 경쟁사 분석만 열심히 하면 뭐하겠나. 제4차 산업혁명 시대를 헤쳐나가려면 역발상의 통찰력을 키우는 데 더 많은 인력과 시간을 투자해야 한다. 그리고 독자 여러분! 엄마는 어머니날에도 자식을 생각하고, 엄마가 되는 게 어머니날의 가장 좋은 선물이라는 광고의 주제를 생각하며, 이번 어버이날엔 어릴 적 그 자식으로 다시 한 번 돌아가보시기를.

실패가 있었기에 성공이 있다!

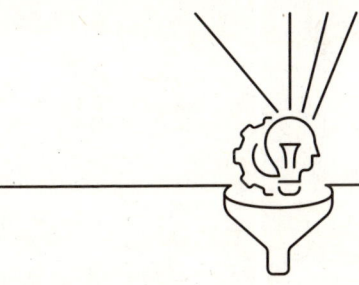

커피를 애호하는 사람들이 기하급수적으로 늘고 있지만 커피 전문점의 절반이 1년 이내에 폐업하고 나머지 절반이 또 새로 생겨난다고 한다. 그뿐이랴. 숱한 자영업자들이 창업과 폐업을 거듭하며 눈물을 삼키는 현실이다. 실패를 딛고 일어서는 경우도 있지만 실패와 역경을 극복하지 못하는 경우도 많다. 사업의 성공이나 실패는 주로 경기나 자금력 같은 외적 요인에 따라 영향을 받지만, 긍정적 사고 같은 개인의 내적 요인에 따라서도 달라진다. 자영업을 하는 사장님도 경

마이클 조던이 등장하는 나이키 광고 '실패' 편(1997).

영자이기 이전에 복잡한 심리적 특성을 지닌 사람이기 때문이다.

심리학에서는 숱한 실패나 어려움에도 역경을 극복해나가는 개인의 특성을 회복 탄력성^{resilience}으로 설명한다. 대체로 탄력성이나 회복 탄력성이라는 말로 번역되어 쓰이고 있지만, 필자는 개념의 뜻을 충분히 반영한 '역경 극복성'이 가장 정확한 번역이라 생각한다. 역경 극복성이란 개인 내적 특성과 외적 보호 요인이 상호작용하여 위험 요인들을 극복하고 긍정적으로 적응하도록 돕는 과정이다. 개인의 인생에서나 사업 영역에서 많은 역경에 직면하지만, 역경을 극복하고 성공을 구가하는 경우도 있다. 역경 극복은 위인들의 전기에서 가장 자주 등장하는 사례이다. 나이키^{Nike} 광고에서 역경 극복의 본보기를 확인할 수 있다.

나이키사는 숱한 명작 광고들을 만들었지만 그중에서도 '실패'(1997) 편은 역대 나이키 광고 25편의 수작에 들어갈 정도로 유명하다. 사실 이 광고에서 나이키 브랜드는 등장하지도 않는다. 영상미도 특별히 내세울 만한 게 없다. 다만 농구선수 마이클 조던$^{Michael\ Jordan}$이 등장해, 자기 인생에서의 회복 탄력성 혹은 역경 극복성을 이야기할 뿐이다. 마이클 조던이 홀로 중얼거리는 독백체의 카피는 이렇다. "저는 9,000

개 이상의 슛을 놓쳤죠. 대강 300게임 정도 졌어요. 26번이나, 게임의 승부를 가르는 슛을 성공할 것이라 믿었지만 실패했죠. 제 인생에서 계속, 계속, 계속해서 실패했어요. 그리고 그것이 제가 성공한 이유가 되었죠."▼

　마이클 조던의 인생은 회복 탄력성 혹은 역경 극복성이 집약된 전형적인 사례이다. 어릴 때부터 실패를 계속하던 그는 청년기에 접어들어서까지 성공과는 멀찍이 떨어져 지냈다. 예컨대, 고고 시절 농구선수로 활동하던 그는 대학 농구팀에 지명 받는 데도 실패했다. 그는 코치의 실수 때문에 자신이 제외되었다고 생각하고 실의에 빠져 일탈의 나날들의 보냈다. 보다 못한 어머니는 조던에게 코치가 무엇을 잘못 판단했는지 스스로 입증하는 게 가장 중요하다고 조언하면서 사랑으로 감싸 안았다. 마음을 바꿔먹은 그는 자신의 경기 내용을 분석하며 자기 결점을 하나씩 고쳐나갔다. 광고 카피에 나타나듯이 그는 '계속, 계속, 계속해서' 실패했지만 긍정적인 생각으로 역경을 극복하고 결국 NBA 스타로 성공

▼
광고 원문은 다음과 같다. "I've missed more than 9,000 shots in my career. I've lost almost 300 games. 26 times. I've been trusted to take the game-winning shot and missed. I've failed over and over and over again in my life. And that is why I succeed."

했다. 조던의 곁에는 늘 어머니의 관심과 사랑이 있었는데, 가족의 지지가 역경 극복에 영향을 미친 경우이다.

나이키가 마이클 조던과 맺은 모델 계약은 아마도 광고사에서 가장 성공적인 계약 사례로 꼽을 만하다. 나이키의 슬로건 "Just do it"은 그가 출연한 광고에서 더 빛났다. 이를 어떻게 번역해야 할까? '그냥 해봐'쯤 되지 않을까? 터널 속처럼 암울해 미래가 보이지 않아도 그냥 해보는 것. 'Just do it' 캠페인은 1988년부터 시작되었지만 조던이 출연한 이후부터 나이키는 어떤 디자인이나 스타일이 아닌 시대의 아이콘으로 자리매김했다. 그가 출연한 광고는 연 10억 달러의 매출 증가라는 대성공을 안겼다. 그는 실패의 연속에서 벗어나 스포츠 영웅이 되었고 나이키 역시 스포츠 브랜드의 영웅이 되었다.

나이키는 1964년에 미국 오리건 주에서 블루리본스포츠RBS라는 이름으로 출발했다. 육상선수 필 나이트와 오리건대 육상코치 빌 보워먼이 일본 오니츠카타이거사의 러닝화

Aaron Taube, "25 Nike Ads That Shaped The Brand's History," http://www.businessinsider.com/25-nike-ads-that-shaped-the-brands-history-2013-8/#the-very-first-just-do-it-ad-1988-1, 2013.

를 수입해 판매한 작은 업체였다. 직접 신발을 제작해 판매한 1972년부터 그리스 여신 니케Nike에서 사명을 따왔다. 나이키는 한 미대생으로부터 35달러에 날개 모양의 '스우시'Swoosh(바람이 스치고 지나가는 소리), 로고를 샀는데, 지금의 브랜드 가치는 170억 달러가 되었다. 'Just do it'은 1988년 광고에서 처음 등장한 이후 지금까지도 파워를 발휘하는 브랜드 슬로건이 되었다. 이 슬로건은 나이키라는 상품을 조명하는 대신 사용자를 내세워 긍정적인 도전정신을 고취했고, 이런 정신적 자산들이 모여 나이키만의 브랜드 가치가 되었다. 이 슬로건이 처음 등장한 '매일 아침 17 마일' 편(1988)에서도 삶에 대한 긍정성이 돋보인다.

이 광고에서는 역경 극복성을 직접 언급하지는 않지만 탄력성의 하위 요인인 삶에 대한 긍정성을 강조한다. 광고에서는 80세의 월트 스택이 샌프란시스코의 금문교를 달리며 매일 아침 17마일을 뛰는 이유를 이렇게 설명한다. "저는 매일 아침 17마일을 뛰어요. 한겨울에 제가 어떻게 치아를 지켜내는지 사람들이 물어요. 사물함에 넣고 나왔죠."▼

▼
광고 원문은 다음과 같다. "I run 17miles every morning. People ask me how I keep my teeth from chattering in the winter-time. I leave them in my locker."

나이키 'Just do it' 론칭 광고(1988).

삶에 대한 긍정성이 나이키의 정신이자 철학이라는 메시지를 전달하고 있다. 이 광고에서는 선수의 승리만을 위한 도전정신이 아니라, 누구에게나 삶에 대한 긍정성이 필요하다는 메시지를 전달하고 있다.

나이키의 캠페인이 지금 역경에 처해 어려움을 겪고 있는 많은 이들에게 위안의 메시지가 되기를 바란다. 회복 탄력성에 관한 연구에 의하면, 개인 내적 특성과 외적 보호 요인에 따라 역경을 극복하는 정도가 달라지는 것으로 알려지고 있다. "Just do it"을 곰곰이 뜯어보면, 하고 싶은 그 무엇(it)이 있어야 할(do) 수도 있다는 뜻이 숨어 있다. 지금 어려움에 처한 사람들 모두가 하고 싶은 그 목표를 하루빨리 되찾기를 바란다. 긍정적 사고를 바탕으로 자기 스스로가 삶의 의지를 회복하는 것이 우선이겠다. 그렇다 하더라도 가족과 학교 및 사회 같은 외적 보호 요인도 탄력성의 회복에 영향을 미치기 때문에, 지금 역경에 처한 분들에게 보다 각별한 격려를 아끼지 말아야겠다.

『달과 6펜스』 띄운 광고, 지금도 통할까

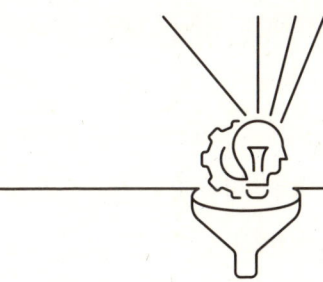

"**수단과 방법을 가리지 말고 우리 브랜드를 널리 알려야죠.**"

어느 회사의 경영 자문회의에서 최고경영자가 이렇게 말했다. 직원들은 받아 적기에 바빴다. 사회의 모든 영역에서 홍보PR를 중시하는 세태이니 최고경영자가 그렇게 주장하는 것도 이해할 만하다. 틀렸다고 말하기는 어렵지만 그런 발언이 전적으로 옳다고만도 할 수 없다. 경영자들이 생각하는 수단과 방법이란, 내용을 전달하는 미디어나 플랫폼을 의미하는 경우가 많다.

우리네 일상생활에서도 수단 방법을 가리지 않고 자신을 알려 페친(페이스북 친구)이 몇 명이고 자기 의견에 몇 명이나 '좋아요'를 누르는지 살피는 경향이 있다. 오죽했으면 관심받기를 좋아하는 사람들을 빗대는 '관종'(관심종자)이라는 속어까지 생겨났겠는가. 백번 양보해서 수단 방법을 다 동원하는 데 동의한다 해도, 무엇을 어떻게 알릴 것인가 하는 핵심이 빠져 있다. 허위나 과장에 가까운 부도덕한 내용도 무조건 널리 알리기만 하면 되는 것일까? 가장 중요한 것은 내용이다. 소설의 히트에 결정적인 영향을 미친 광고 사례에서 내용의 진정성 문제를 생각해보자.

두루 알다시피 소설 『달과 6펜스 The Moon and Sixpence』(1919)는 서머싯 몸 Somerset Maugham의 대표작이다. 박완서 선생이 화가 박수근을 모델로 삼아 『나목裸木』(1970)을 썼듯, 서머싯 몸은 후기인상파 화가 폴 고갱을 생각하며 이 소설을 썼다. 런던에서 증권 중개인으로 일하던 40대의 찰스 스트릭랜드가 예술적 충동에 사로잡혀 타히티 섬으로 떠나, 그곳에서 원주민 여인을 만나 두 아이를 낳고 살면서 나병에 걸려 죽기 전까지 많은 그림을 남긴다는 내용이다. 이 소설은, 예술의 세계(달)와 생활의 세계(6펜스)가 어째서 양립하기 어려운지 진지하게 생각하도록 한다. 예술가로 살아가려면 도덕이나 관습에

소설 『달과 6펜스』 초판의 속표지 겸 광고(1919).

서 얼마나 자유로워야 하는가의 문제도 이 소설에서 제기하는 핵심 주제 의식이다.

이 작품의 줄거리를 구구절절 설명할 필요는 없겠다. 다만 『달과 6펜스』가 어떻게 해서 베스트셀러가 되었는지에 대한 일화를 소개하고자 한다. 생계를 유지하기도 힘들었던 무명 작가 시절, 서머싯 몸은 어렵사리 소설집을 출간했지만 책이 팔리지 않아 고민이 이만저만이 아니었다. 출판사에서는 책 광고도 내주지 않고 손을 놓아버렸다. 오랫동안 공들여 쓴 소설이 팔릴 기회조차 없을 거라는 생각에 잠 못 이루던 작가는 자비로 신문광고를 내기로 마음먹었다. 몇 날 며칠 광고 아이디어를 궁리하던 그는 적은 광고비로 효과 만점인 아이디어를 찾았다고 무릎을 치면서 신문사에 찾아갔다. 다음 날 아침 영국 런던의 신문 지면에는 이런 구혼광고가 실렸다.

"마음씨 곱고 자상한 여성을 찾습니다. 저는 스포츠와 음악을 좋아하며, 성격이 비교적 온화한 백만장자입니다. 제가 바라는 것은 딱히 없습니다만 최근에 나온 서머싯 몸의 소설 『달과 6펜스』의 주인공과 닮은 여성이면 좋겠습니다. 저의 이상형이니까요. 자신이 서머싯 몸이 쓴 소설의 여주인공과 닮았다고 생각하시는 분께서는 망설이지 말고 즉시 연락 주세요."

　광고가 나가자 폭발적인 반응이 나타났다. 여성들이 서점에 옥시글옥시글 몰려들어 초판이 모두 팔려나갔고 계속 재판 삼판을 찍어야 했다. 그 후 이 작품은 베스트셀러가 되어 유럽의 여러 나라에서 번역 출판되었고, 작가도 광고 내용처럼 실제로 백만장자가 되었다. 여세를 몰아 4년 전에 출판됐지만 주목받지 못했던 『인간의 굴레』(1915)까지도 재평가를 받아 몸은 작가로서의 날개를 달았다. 만약 구혼광고를 내지 않았더라면 서머싯 몸의 인생이 어떻게 달라졌을지 아무도 모를 일이다. 그는 기발한 광고를 해서 스스로의 명성을 만들어냈지만, 그와 같은 허위광고나 과장광고가 오늘날의 스마트 미디어 시대에는 효과를 기대하기 어렵다.

　광고 내용과는 달리 『달과 6펜스』에는 찰스 스트릭랜드라는 가상의 남자 주인공만 부각될 뿐 여주인공은 없는 것이나 마찬가지다. 물론 이 소설에는 두 명의 여성이 등장한다. 블란치, 스트릭랜드의 그림 모델을 하다가 남편 더크를 버리고 스트릭랜드를 사랑했지만 결국 자살을 택하는 여자이다. 아타, 타히티 섬에서 스트릭랜드와 살림을 차리고 두 아이를 낳고 살았던 원주민 여인이다. 어디까지나 두 사람은 여주인공이 아닌 보조자일 뿐이다. 이런 사정도 모른 채

광고 내용에 홀려 소설책의 이 페이지 저 페이지를 뒤적거리며, 자신과 여주인공의 닮은 점을 찾아내려고 눈에 불을 켰을 1919년 시절 영국 여성들의 열기가 상상만으로도 뜨겁게 느껴진다. 요즘 기준에서 보자면 서머싯 몸이 냈던 구혼광고는 허위광고일 뿐이다.

구혼광고는 주목을 끌고 흥미를 유발한 다음, 욕구와 기억을 거쳐 구매행동을 일으켜 톡톡한 광고효과를 보았다. 어디까지나 지금부터 100여 년 전인 1919년에 일어난 현상이다. 스마트 시대를 살아가는 오늘날의 현명한 소비자들은 이런 메시지에 절대로 속아 넘어가지 않는다. 경영자들의 생각처럼 수단과 방법을 가리지 않고 알리기만 한다고 해서 광고 효과를 기대하기는 어렵다. 광고 내용이 허위라는 사실이 소셜 미디어를 통해 확산되면 오히려 역효과가 날 뿐이다.

따라서 사실을 흥미롭게 전달하는 이야기를 만들어내야 한다. 가위 '스토리텔링의 시대'라고 할 만큼 이야기의 중요성이 강조되는 상황에서, 소비자의 마음을 얻으려면 '이야기 가치, 상호작용, 입소문'이라는 3가지 요소를 고려해야 한다. 인간에게는 이야기하려는 본능이 있고, 사람들은 이야기를 통해서 사회를 이해한다. 일찍이 호모 나랜스 homo narrance(이야기하는 사람)라는 라틴어가 존재했듯이, 인류사는 이야기의 역사였다. 우리나라에서는 이어약(耳於藥, 귀로 먹는 약) 혹은 이어약(利於藥, 먹는 약보다 더 이로운 것)이란 술어에서 이야기라는 말이 유래했다.

사람들은 약이 될 만한 진정성 있는 내용을 감쪽같이 알아본다. 그런데도 무조건 널리 알릴 방법만 찾는 데 골몰하면 뭐하겠나? 받아들이는 사람이 그 내용에 동의할 수 없다는데. 목이 마르다. 철저히 사실에 입각해 흥미로운 이야기로 구성해내는 잘 표현된 진실well-told truth에 정녕 목이 마르다.

진정으로 감동받게 하면서
팔고 싶을 때, 슬쩍

불가능,
그것은 아무것도 아니다!

글로벌 브랜드 아디다스Adidas의 "불가능, 그것은 아무것도 아니다" 캠페인은 일말의 불안감을 가지고 출발하는 사람들과 지금 이 순간에 절망의 늪에 빠진 사람들에게 힘이 되는 메시지를 선사한다.

 이 캠페인은 2004년부터 본격적으로 시작되었다. "불가능, 그것은 아무것도 아니다Impossible is Nothing"라는 말은 사실 권투선수 무하마드 알리Muhammad Ali가 1970년대에 했던 말이다. 아디다스는 세기의 주먹 알리의 전설을 바탕으로

아디다스의 '무하마드 알리' 편 TV 광고.

1974년에 짧은 비디오 형태로 광고를 만들어 '스포츠는 영원히 forever sport'라는 아디다스의 브랜드 철학을 천명했었다. 그 후 잠잠하다 2004년 7월 초에 유로 2004 선수권대회에서 그리스가 예상을 뒤엎고 우승하자, 아디다스는 우승을 자축하는 그리스 선수들 뒤에 이 말을 넣어 신문에 전면광고를 냈다. 쓰지 않고 묵혀둔 말을 다시 살려낸 셈인데, 그때부터 이 슬로건은 엄청난 반향을 일으켰다.

2004년에 시작된 첫 광고는 '무하마드 알리' 편이었다. 권투선수 알리가 동료들과 훈련하는 장면을 다큐멘터리 영상처럼 사실적으로 편집한 다음, 다음과 같은 카피를 내레이션으로 들려준다. 물론 알리의 목소리는 아니다. "어떤 사람들은 남의 말을 듣기보다 자기 내면의 소리를 듣는다. 사람들은 할 수 없다고 하고, 안 될 것이라고 하고, 불가능하다고 말하고는 한다. 하지만 자신을 믿는 사람들이 해낸 것은 불가능은 없다는 사실이다. 자기 안의 소리를 들어라. 불가능, 그것은 아무것도 아니다."

텔레비전 광고와 함께 인쇄광고도 동시에 집행되었다. 영어 카피 원문은 다음과 같다. "Impossible is just a big word thrown around by small men who find it easier to live in a world they've been given than to explore

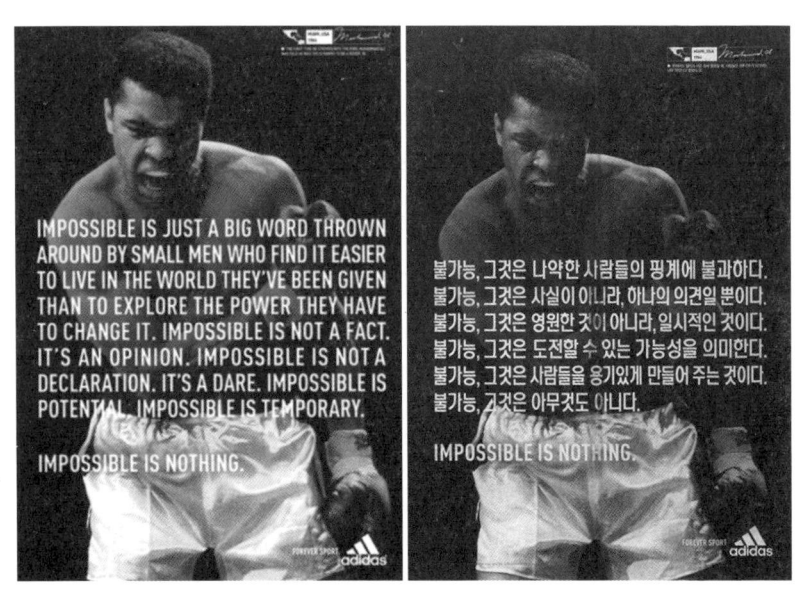

아디다스의 '무하마드 알리' 편 인쇄광고.

the power they have to change it. Impossible is not a fact. It's an opinion. Impossible is not a declaration. It's a dare. Impossible is potential. Impossible is temporary. Impossible is nothing."

  영어 카피를 비교적 원문에 충실하여 다음과 같이 번역할 수 있다. "불가능은 변화시켜야 할 힘을 탐색하기보다 주어진 세상에서 쉽게 사는 걸 찾는 소인배들이 내뱉는 허풍일 뿐이다. 불가능은 사실이 아니라, 의견이다. 불가능은 선언이 아니라, 도전이다. 불가능은 잠재적인 것이다. 불가능은 일시적인 것이다. 불가능은 아무것도 아니다." 이를 우리나라 카피라이터는 다음과 같이 번역해 인쇄광고를 만들었다.

"불가능, 그것은 나약한 사람들의 평계에 불과하다.
불가능, 그것은 사실이 아니라, 하나의 의견일 뿐이다.
불가능, 그것은 영원한 것이 아니라, 일시적인 것이다.
불가능, 그것은 도전할 수 있는 가능성을 의미한다.
불가능, 그것은 사람들을 용기있게 만들어주는 것이다.
불가능, 그것은 아무것도 아니다."

우리나라 카피라이터는 '불가능' 다음 쉼표를 하고 '그것

아디다스의 '라일라 알리' 편 TV 광고.

은'으로 다시 문장을 시작해 한 호흡 쉬어가게 했다. 직역하면 "불가능은 아무것도 아니다"를 약간 재해석해 "불가능, 그것은 아무것도 아니다"로 번역한 데서 알 수 있듯, 운율을 살려 보다 멋스럽게 표현했던 것. 계속되는 시리즈 광고들을 보자.

이어지는 광고에서는 무하마드 알리의 딸 라일라 알리가 권투하는 장면을 교차 편집해서 보여주었다. 아버지와 딸이 수십 년의 시차를 넘어 함께 등장하는 감동적인 내용이다. 카피는 다음과 같다. "불가능은 사실이 아닌, 하나의 의견일 뿐이다. '여자는 권투를 할 수 없다'고 사람들은 말했다. 나는 그들의 말을 믿지 않았고, 해냈다. 나는 링 위에 섰다. 내 아버지 알리의 목소리가 들려온다. '싸워라, 내 딸. 넌 할 수 있어.' 불가능, 그것은 아무것도 아니다." — **라일라 알리**Laila Ali **편.**

"내 이름은 리오넬 메시, 이건 내 이야기야. 내가 11살 때 성장 호르몬에 문제가 생겼어. 하지만 키가 작은 만큼 나는 더 날쌨고, 내가 하기 편한 축구 기술을 터득했어. 이제, 난 알아. 때로는 나쁜 일이 더 좋은 결과를 가져온다는 것을. 불가능, 그것은 아무것도 아니다." — **리오넬 메시**Lionel Messi **편.**

"내 이름은 데이비드 베컴, 내 이야기 한번 들어볼래? 나

아디다스의 '리오넬 메시' 편 TV 광고.

아디다스의 '데이비드 베컴' 편 TV 광고.

는 아직도 1998년이 생각나. 아무 일도 없었다면 얼마나 좋을까, 간절히 바라면서 그 후 3년 동안은 어딜 가나 불안했었지. 죽음의 위협도 느꼈어. 마침내 그리스 전에서 골을 넣었을 때 모든 기자들이 나를 향해 박수를 치더라고. 날 욕하던 사람들에게서 환호를 받는다는 거, 그거 정말 엄청난 기분이지. 누구나 언젠가는 시련을 겪게 돼. 중요한 건 그 시련에 꺾이지 않는 거야. 불가능, 그것은 아무것도 아니다." — 데이비드 베컴David Beckham **편**.

이 밖에도 스테이시 코헛Stacy Kohut, 하일레 게브르셀라시에Haile Gebrselassie, 킴 콜린스Kim Collins, 나디아 코마네치Nadia Comaneci, 요나 로무Jonah Lomu 같은 사람들의 역경 극복 이야기가 아디다스 광고에 등장했다. 네덜란드 암스테르담에 있는 광고회사 180과 미국 샌프란시스코에 있는 광고회사 TBWA가 거의 주도한 광고가 집행된 이후, 이전에 비해 세계 시장에서 아디다스의 판매율이 20% 신장되었고, 시장 점유율도 21%나 올라갔다. 광고에 소개된 이야기는 힘든 시기를 극복하고 성공적인 인생을 만들었다는 공통점이 있다. 역경을 극복한 흥미진진한 이야기를 광고 메시지로 표현했기에 소비자들은 아디다스 브랜드에 박수를 보냈으리라.

다이아몬드는 영원히

드비어스DeBeers의 '다이아몬드는 영원히' 캠페인(1947~)은 견고한 다이아몬드를 영원한 사랑에 비유하며 세계인의 약혼과 결혼 풍속을 바꿔놓았다. "다이아몬드는 영원히A Diamond Is Forever"라는 슬로건은 우여곡절 끝에 탄생했다. 1929년 10월 24일, 뉴욕 증시가 폭락해 미국 경제가 장기 침체에 빠지자 드비어스의 오펜하이머 회장은 다이아몬드 90%를 처분하기로 결정했다. 하지만 회장의 아들 해리 오펜하이머Harry Oppenhimer는 무조건 처분하겠다는 아버지의 의견에 반대하며

드비어스 론칭 광고(1947).

드비어스 광고(1976).

드비어스 광고(1987).

할리우드의 아카데미상 시상식에 다이아몬드를 협찬하자고 했다. 1945년의 아카데미상 여우주연상은 〈밀드레드 피어스Mildred Pierce〉에 출연한 조앤 크로퍼드Joan Crawford에게 돌아갔다. 그녀는 24캐럿 다이아몬드가 박힌 목걸이를 걸고 아카데미상 시상식장에서 이렇게 말했다. "다이아몬드처럼 영원히 변치 않는 사랑을 할 수 있다면 얼마나 좋겠어요?" 영원한 사랑을 갈망했지만 이미 두 번이나 이혼했던 그녀는 협찬에 대해 감사해하며 이렇게 말했지만, 이 말은 잠시 주목을 끌다 금세 잊혀졌다.

1947년, 미국 필라델피아 지역의 광고회사 N.W.에이어N.W. Ayer의 신출내기 카피라이터 프랜시스 제레티Frances Gerety는 드비어스 광고를 준비하며 고민에 빠졌다. 그녀는 1988년의 인터뷰에서 당시의 심정을 이렇게 회고했다. 약혼할 때 다이아몬드 반지를 주고받던 전통이 극소수의 상류층에는 있었지만 보편화되지는 않았기에 정말 곤혹스러웠다는 것. 몇 날 며칠 밤을 새우며 카피를 쓰다가 피곤에 지쳐 있는데 문득

Barry B. Kaplan, "Forever Diamonds: A powerful company, a catchy slogan, and how they forever changed the way we value diamonds," http://www.gemnation.com/base?processor=getPage&pageName=forever_diamonds_1, 2016.

조앤 크로퍼드가 했던 말이 떠올랐다. 그래서 다이아몬드를 단순한 보석이 아닌 영원한 사랑의 상징물로 사람들의 마음 속에 자리 잡게 해야겠다고 마음먹게 되었다. 그런데, 광고제작 회의 때 "다이아몬드는 영원히"라고 쓴 초벌 카피를 보여주자 아무도 들떠 하지도 호응해주지도 않았다고 한다.

우여곡절 끝에 처음의 카피를 살려 광고가 나갔고, 이때부터 다이아몬드는 영원한 사랑의 상징이자 약혼과 결혼의 증인으로 자리 잡았다. 이 슬로건으로 인해 미국인의 90% 이상이 드비어스를 알게 되었고, 일반인들 사이에서도 약혼과 결혼 예물의 필수품으로 자리 잡았다. 1950년에는 1947년에 비해 판매고가 50.4%나 증가했다. 제레티는 그 후 25년 동안이나 드비어스 카피를 썼다. 그녀는 많은 커플들에게 영원한 사랑의 징표를 안겨주었지만, 역설적이게도 정작 자신은 마지막까지 결혼하지 않았다. 그녀가 83세로 사망하기 2주 전에 발행된 광고 전문지 『애드버타이징 에이지Advertising Age』의 1999년 특집호에서는 "다이아몬드는 영원히"를 20세기를

J. Courtney Sullivan, "How Diamonds Became Forever," http://www.nytimes.com/2013/05/05/fashion/weddings/how-americans-learned-to-love-diamonds.html, 2013. 5. 3.

대표하는 슬로건으로 선정했다.

영화배우 숀 코네리Sean Connery가 마지막으로 제임스 본드 역을 맡았던 007시리즈의 일곱 번째 작품 제목을 〈다이아몬드는 영원히Diamonds Are Forever〉(1971)로 정했던 것도 결코 우연은 아니었으리라. 이후 드비어스는 "오른손을 들어봐요Raise Your Right Hand"(2003) 같은 새로운 캠페인을 시도했지만 이전 캠페인을 결코 능가하지는 못했다. 새로운 캠페인을 하는 와중에도 미국에서는 2015년 12월의 연말연시에 "다이아몬드는 영원히"를 다시 사용했다. 중국에서도 2016년 12월에 새로운 보석 컬렉션 엔드리어Endlea를 선보이면서 전설적인 슬로건을 부활시켰다. 이 슬로건은 소멸되지 않고 다이아몬드처럼 영원한 생명을 얻었다.

해골이 포옹을 했다, 그리고…

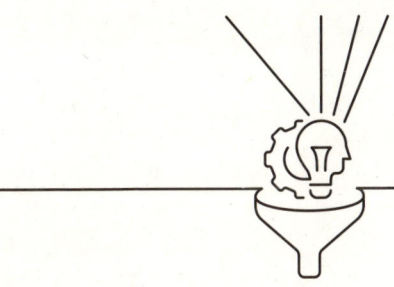

미국 공익광고협의회Ad Council의 '꼬리표'(2015) 편은 바이럴 캠페인의 정수를 보여주었다. 미국 공익광고협의회는 2015년 3월 3일부터 공식 유튜브 채널을 통해 '사랑엔 꼬리표가 없다Love Has No Labels'는 제목의 광고를 게재했다. 광고는 이렇게 시작된다. 도심 공터에 대형 스크린이 세워지고, 수많은 사람들이 모여들며 무대의 엑스선X-rays 스크린을 주시한다. 스크린에는 해골이 포옹하는 장면이 등장한다. 잠시 후 관중들의 박수를 받으며 커플이 등장하는데 놀랍게도 동성

미국 공익광고협의회 광고 '꼬리표' 편.

이다. 동성 부부가 화면 앞으로 나오는 순간 "사랑엔 성차가 따로 없다Love has no gender"는 자막이 뜬다.

화면에 다시 춤추는 해골 모습이 등장하는가 싶더니 무대 앞으로 사람들이 걸어온다. 이제는 피부 색깔이 다른 친구끼리 등장하고 "사랑엔 인종이 따로 없다Love has no race"는 자막이 뜬다. 장애인과 친구, 노인 부부, 종교가 다른 친구가 스크린 뒤에서 서로 포옹하고 춤추는 장면들이 계속 반복된다. 화면에 알맞게 "사랑엔 장애가 따로 없다Love has no disability", "사랑엔 나이가 따로 없다Love has no age", "사랑엔 종교가 따로 없다Love has no religion" 같은 자막이 떠오른다. X-선으로 비치는 대형 스크린에 뼈대만 보이던 사람들의 진짜 모습이 공개되자 사람들은 모두 열광하며 환호성을 보낸다.

이 밖에도 흑인 여성과 히잡을 쓴 이슬람 여성의 포옹, 장애가 있는 어린이들의 인사, 노부부의 깊은 키스, 백인 남성과 흑인 여성의 수줍은 입맞춤, 휠체어에 앉은 여성과 남성, 레즈비언 연인들이 스크린에 등장한다. 노부부는 진한 키스를 나누며 "우리의 사랑은 시간이 지날수록 깊어지네요"라고 말한다. 레즈비언 연인은 "사랑이란 상대가 누구인지, 뭐 하는 사람인지에 대한 것이 아니죠"라고 말한다. 휠체어에 앉은 여성을 곁에 둔 남성은 "저는 휠체어를 보지 않고, 제

인생의 사랑을 봐요"라고 말한다. 이 광고에서는 "사랑에는 꼬리표가 없다"는 카피로 마무리하면서, 사랑에 있어서 어떠한 차별도 있어서는 안 된다는 점을 강조했다.

이 광고의 성공 요인은 사람들의 실제 이야기를 있는 그대로 영상에 담아 사실성을 높였다는 데 있다. 빅 모델을 쓰지 않고 보통 사람들이 무대에서 행동한 장면을 영상에 담았는데, 연출하지 않은 듯 자연스럽게 다가온다. 보통 사람들이 실제로 경험한 내용을 있는 그대로 전달하는 증언형testimonials 기법에 담아낸 진솔한 메시지가 깊은 울림을 주었기에 광고가 성공할 수 있었다. 이 광고는 2015년 3월 3일 유튜브에 공개된 이후 현재까지 4,700만 건 이상의 조회 수를 기록하며 호평을 받았다. 해골과 실제 사람을 엮어낸 아이디어가 탁월한 이 광고는 2015년 칸 광고제에서 사이버 부문 수상작에 그 이름을 올렸다.

반려동물만 유기되는 게 아니다

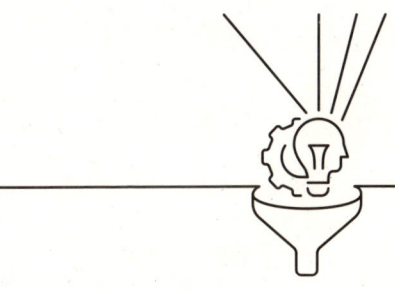

어떤 상사 밑에서는 능력을 발휘하지 못하던 사람이 상사가 바뀌면 대단한 성과를 내는 경우가 많다. 기를 펴지 못하고 늘 죽어 지내던 사람이 직장을 옮기고 나서 활력이 넘치는 경우도 있다. 배우자를 바꾸고 나서 훨훨 날아 다니는 사람들이 있는가 하면, 어찌어찌 해서 담임선생님이나 지도교수가 바뀐 다음부터 공부의 방향을 제대로 잡는 학생들도 있다. 도대체 무엇 때문에 궁합이 안 맞고, 불행의 원인은 누구 때문일까?

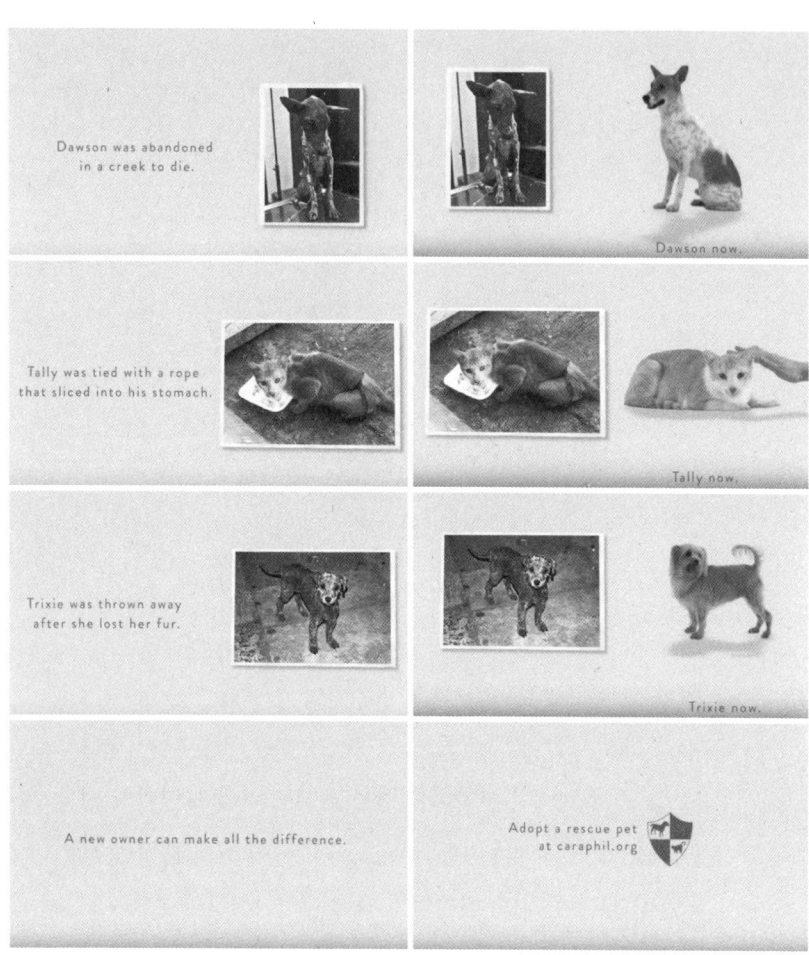

카라동물복지협회 TV 광고 '애완동물' 편(2014).

사람 사이의 불편한 관계에 영향을 미치는 요인은 여러 가지가 있을 수 있다. 그렇지만 윗사람의 너그러움이나 사랑이 부족해 유기동물처럼 상대방을 마음속에서 버리는 데서부터 불행이 싹트는 경우가 많다. 우리나라는 반려동물 양육 인구 1,000만 명 시대에 접어들었다. 서울 시민 5명 중 1명이 동물과 더불어 살고 있는데, 한 해 동안 서울에서만 9,000마리의 동물이 버려진다고 한다. 필리핀의 동물복지협회 광고를 통해 버려지는 안타까움에 대해 생각해보자.

필리핀의 카라동물복지협회CARA Welfare Philippines 광고 '애완동물' 편은 동물복지 문제를 생각하게 한다. 카라CARA는 '동물에 대한 연민과 책임Compassion And Responsibility for Animals'의 약자다. 필리핀에는 유기동물을 보호하는 정부 단체가 없다. 이런 상황에서 지난 2000년에 동물 보호를 위한 비영리 시민단체인 카라동물복지협회가 결성되어 유기동물의 보호 활동을 전개해왔다. 시민의 기부금으로 운영되는 카라는 유기된 동물을 대상으로 TNR(Trap 포획, Neuter 중성화 수술, Return 제자리 방사) 활동을 수행하기도 한다. 동물을 입양하려면 고양이는 1회, 개는 2회 만난 다음 입양 신청서를 작성해야 한다. 여기에서 끝나지 않고 다시 카라의 자원봉사자가 신청자의 집을 방문해 동물을 키울 환경이 되어 있는지 직접 확인한 다음, 승인

카라동물복지협회 신문광고 '애완동물' 편(2014).

절차가 끝나면 소정의 입양비를 내고 동물을 데려가면 된다.

텔레비전 광고가 시작되면 온통 진흙을 뒤집어 쓴 개가 잔뜩 움츠려 있는 모습과 함께 이런 자막이 뜬다. "도슨은 죽을 수도 있는 샛강에 버려졌다." 바로 화면이 바뀌면서 "지금의 도슨"이라는 자막과 함께 건강하게 바뀐 도슨이 등장한다. 하복부를 밧줄에 묶여 초췌해진 고양이가 등장하며 "탈리는 위를 쪼이는 밧줄로 묶여 있었다"라는 자막이 뜨고, 다시 "지금의 탈리"라는 자막과 함께 주인의 사랑을 받아 통통해진 탈리의 모습을 볼 수 있다. 계속해서 화재로 인해 몸의 털이 새까맣게 타버린 개와 더불어 이런 자막이 뜬다. "트리시는 (화재로) 털을 잃게 된 후 버려졌다." 다시 화면이 바뀌고 "지금의 트리시"라는 자막과 함께 털이 무성해져 있는 트리시가 등장한다. "새 주인이 모든 차이를 만들 수 있습니다." "구조 동물을 입양하세요." 이러한 자막이 나오며 광고가 끝난다. 잔잔한 음향 효과만 배경으로 흐르는 기운데 내레이션도 없이 오직 자막만으로 카피 메시지를 전달했다.

인쇄광고에서는 애완동물이 구조되기 전후의 사진을 비교할 수 있도록 동시에 보여주었다. 장황하게 설명하지도 않았다. 이 광고에서는 "같은 개, 다른 주인 Same dog, different owner", "같은 고양이, 다른 주인"이라는 간명한 카피만으로, 동물복지의 중요성을 한눈에 느끼도록 했다. 광고회사 TBWA의 필리핀 마카티시 지사에서는 동물복지 문제를 구구절절하게 설명하려 하지 않고 참담한 현실의 사실성을 구현하려고 노력했다. 동물 모델들은 구조된 실제 사례였는데, 집을 잃은 homeless 상태와 집을 찾은 re-homed 상태를 비교해본 사람들의 공감을 얻기에 충분했다.

입양 전후의 상황을 실제 사진으로 본 사람들은 마음을 움직이기 시작했다. 반려동물을 키우려고 마음먹은 잠재적 주인들을 고무시키기에 충분했다. 이 광고가 나간 다음, 유기동물의 입양률이 3.7% 증가했고 기부금도 광고하기 전에 비해 6.4%나 증가했다. 더더욱 중요한 성과는 애완동물 학대 문제에 무심하던 사람들의 관심을 촉발시키면서 동물복지 문제를 사회적 쟁점으로 부각시켰다는 사실이다.

모든 인생은 훌륭하다

좋은 사람을 뽑기란 어떤 분야에서나 쉽지 않다. 기업에서는 서류 전형부터 시작해 인성검사와 적성검사를 거쳐 두세 차례의 면접까지 하고 나서 적임자를 뽑지만 그래도 실패하는 경우가 많다. 구인구직의 매칭 플랫폼인 '사람인'에서 새해 들어 기업 658개사를 대상으로 '2018년 신입 채용계획'을 조사한 결과, 응답 기업의 72%가 신입사원을 채용할 계획이 있다고 답했다. 계획과 실행은 다르기 때문에 이 결과를 전적으로 신뢰하기는 어렵겠지만, 그래도 젊은 청춘들에게 희

망을 주는 소식이라 반갑다.

채용, 구인구직, 헤드헌팅, 아르바이트, 취업정보 같은 정보를 제공하는 리쿠르트^{Recruit} 회사들이 늘어났다는 것은 일자리를 구하는 사람이 그만큼 많다는 현실을 반영한다. 취업 희망자들을 대상으로 '리쿠르트 투어' 참가자를 모집하는 행사도 다반사로 열리고 있다. 그렇다면 사람을 뽑는 쪽인 회사 측 입장에서는 어떤 사람들을 선호하는 것일까? 여건이나 자격이 모두 다를 테니 이 또한 정답이 없다.

다만, 인생을 마라톤 코스에 비유하면서 자신과 회사의 목표를 향해 매진하겠다는 사람을 기업이 선호할 것이라는 계몽적이고 미래지향적인 담론이 우리 사회를 지배해왔다는 사실을 되돌아볼 필요가 있겠다. 인생이라는 마라톤 코스에서 누구나 마라톤 선수로 뛸 테니 각자의 목표를 향해 열심히 달려 나가야 빛나는 미래가 열린다는 것. 하지만 과연 그럴까? 일본의 리쿠르트 회사 광고에서는 인생에 대한 기존의 관점을 통렬하게 뒤집어버린다.

일본 리쿠르트 포인트^{リクルートポイント}의 광고 '모든 인생은 훌륭하다' 편(2014)에서는 마라톤을 소재로 활용해 인생의 이야기를 전달했다. 이 광고는 인생은 마라톤이라는 전반부와 인생은 마라톤이 아니라는 후반부로 구성되어 있다. 광

고의 초반부에는 인생은 마라톤과 같다는 메시지가 흐르는 가운데 수많은 사람들이 마라톤 코스를 달려가고 있다. 인파의 물결 속에서 내레이션으로 들려오는 한 마라토너의 목소리는 다음과 같다.

"오늘도 계속해서 달린다.
누구라도 달리기 선수다.
시계는 멈출 수 없다.
시간은 한 방향으로밖에 흐르지 않는다.
되돌아올 수 없는 마라톤 코스.
라이벌과 경쟁해가며
시간의 흐름이라는 하나의 길을
우리들은 계속 달린다.
보다 빠르게 한 걸음이라도 더 앞으로
저 앞에는 반드시 미래가 있을 거라 믿으며,
반드시 결승점이 있을 거라 믿으며,
인생은 마라톤이다.
하지만 정말 그럴까? 인생은 그런 것일까?"

한참을 달리던 한 마라토너가 코스에서 이탈하며 뒤를

돌아본다. 다름 아닌 영화배우 이케마쓰 소스케池松壯亮. 죽음 앞에서 기억을 잃어가는 엄마와 가족들의 간절한 일주일 동안의 이야기를 담은 이시이 유야石井裕也 감독의 영화 〈이별까지 7일ぼくたちの家族, Our Family〉(2014)에서 차남 슌페이의 역을 맡아 유명해진 배우다. 전반부의 영상이 지나가고 "하지만 정말 그럴까? 인생은 그런 것일까?"라는 반문과 함께 후반부의 반전이 시작된다.

2분짜리 광고에서 정확히 58초부터 반전이 시작되며, 지극히 당연했고 너무나도 뻔했던 계몽적 메시지들을 하나하나 깨트려버린다. 마라톤 대열에서 이케마쓰 소스케가 이탈해 펜스를 넘어 다른 방향으로 달려가자 사람들도 하나 둘씩 이탈해 나가더니, 급기야 모두가 온 사방으로 흩어져버린다. 강물에 뛰어들거나, 남자 친구와 오토바이를 타고 거리를 질주하거나, 행글라이딩을 타며 공중을 훨훨 날아다닌다. 터널 속을 달려가기도 하고, 요트를 타는 사람이 있는가 하면, 운동복 차림으로 즉흥 결혼식을 올리기도 한다. 이런 장면들이 흘러가는 가운데 다시 내레이션이 들려온다.

"아니다. 인생은 마라톤이 아니야.
누가 정한 코스야? 누가 정한 결승점이야?

어디로 달리든 좋아. 어디를 향해도 좋아.

자기만의 길이 있어.

그런 건 있는 걸까? 그건 몰라.

우리들이 아직 만나보지 못한 세상은 터무니없이 넓어.

그래! 발을 내딛는 거야.

고민하고 고민해서 끝까지 달려나가는 거야.

실패해도 좋아. 돌아가도 좋아.

누구랑 비교하지 않아도 돼.

길은 하나가 아니야. 결승점은 하나가 아니야.

그건 사람의 수만큼 있는 거야.

모든 인생은, 훌륭하다.

누가 인생을 마라톤이라 했는가?"

광고의 마지막에서 잠시 달리기를 멈추며 "누가 인생을 마라톤이라 했는가?"라는 질문을 던지고 나서 다시 광야를 향해 내달리는 장면은 깊은 울림을 남기고 있다. 달리기를 하는 동적인 장면들이 계속 이어지는 가운데 〈레미제라블〉의 OST인 〈Do you hear the people sing?〉이 잔잔하게 깔리면서 내레이션과 웅장하게 만나고 있어 울림의 깊이가 더 깊었다. 사람을 채용하는 리크루트 회사의 특성에 알맞게 모든 인생이 훌륭하다는 핵심 카피를 완성도 높게 구현했다. 이런 성과를 바탕으로 광고 직후에 리쿠르트 회사의 선호도가 13.7% 향상되었고, 2015년 칸 광고제에서 동상을 수상했다.

사실 인생은 마라톤처럼 정해진 코스를 달려가지 않는다. 두려운 줄 모르고 천둥벌거숭이마냥 여기저기를 누비는 가운데 인생의 어떤 모습이 형성되는 경우도 있으리라. 광고에서 "모든 인생은 훌륭하다"라고 하지 않고, "모든 인생은, 훌륭하다すべての人生が、すばらしい."라며, 중간에 굳이 쉼표를 찍은 것도 우리들에게 생각의 여백을 남기고 있다. 일본 광고회사 덴쓰의 카피라이터 미와이코 호소가와의 창작 솜씨가 느껴지는 대목이다. 정해진 길을 가야 한다는 고정관점에서 벗어나야겠다는 결기를 다져주는 가슴 뭉클한 메시지다.

취업하기도 어렵고 사람 뽑기도 어려운 우리 시대에, 지금 어떤 처지에서 무엇을 하고 있든 '자신의 인생이 훌륭하다'고 확신하는 사람에게는 더 좋은 기회가 분명 찾아올 것이다. 기업들도 그런 사람들을 더 눈여겨봐야 한다. 인생에는 정해진 척도가 존재하지 않기에.

스타벅스가 외친 'INDIVISIBLE'의 의미

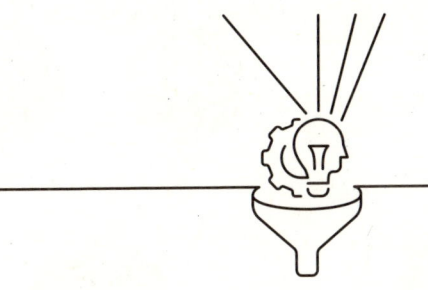

기업을 비롯한 모든 조직에서 시민정신을 외면하기 어렵게 되었다. 이윤 추구의 극대화라는 과거의 기업 이념은 적정한 이윤을 추구하는 방향으로 바뀌었다. 이윤을 사회에 환원하는 공공봉사도 기업 이미지 평판에 영향을 미친다. 우리나라의 주요 기업에서도 기업의 사회적 책임^{CSR, Corporate Social Responsibility}이나 공유 가치의 창출에 관심이 많다. 이 두 가지 활동은 사실 기업이나 조직의 평판을 관리하기 위한 전략 커뮤니케이션 차원에서 시작되었는데, 학자들마다 다르게 정

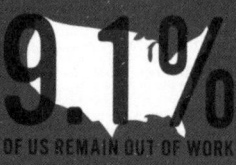

9.1%
OF US REMAIN OUT OF WORK

TOGETHER, WE CAN CHANGE THAT

HERE'S A PLACE TO START:

SMALL BUSINESS

IT'S THE **BACKBONE OF** AMERICA'S WORKFORCE

WHEN IT **GROWS**

JOBS GROW

DONATE **$5**

TO THE CREATE JOBS FOR USA FUND

Fund held and managed by Opportunity Finance Network®

100% OF THE DONATIONS WILL GO

의하고 있으니 한마디로 설명하기는 어렵다.

기업의 사회적 책임을 '그 기업이 속한 사회가 기업들에게 가지고 있는 경제적, 법적, 윤리적, 자선적 기대를 아우르는 것'이라고 했던 아치 캐롤Archie B. Carroll의 정의는 학자와 실무자들 사이에서 그 가치를 인정받아왔다. 대형 재난 사고가 발생하거나 연말연시를 맞이해 기업들이 기부금을 내는 것은 퍽 고마운 일이다. 하지만 단발성의 쾌척에 가까운 경우도 있다. 그렇지 않은 기업도 일부 있기는 하지만, 연민에 호응하며 그때그때 베푸는 금전적 지원을 통해 기업의 사회적 책임을 다 했다고 생각한다면 곤란하다. 스타벅스의 광고 사례를 통해 기업에서 기회를 제공하면서 사회적 책임을 어떻게 완수해나갔는지 살펴보자.

스타벅스Starbucks의 광고 '일자리를 만들자' 편(2011)의 구조는 퍽 단순하다. 광고가 시작되면서 미국인의 9.1%가 실업 상태에 놓여 있다는 장면이 나오는가 싶더니 곧바로 "함께, 우리가 바꿀 수 있어요Together, We can change that"라고 한다. 말을 돌리지 않는 직설 화법이다. 소기업 육성이 미국의 일자

A. Carroll, "The pyramid of corporate social responsibility: Toward the moral management of organizational stakeholders," *Business Horizons*, 1991, pp. 39–48.

리를 늘리는 등 뼈나 마찬가지라는 뜻이다. 영어에 퍼스널 비즈니스personal business, 개인 사업란 말은 없으니, 광고에 나오는 스몰 비즈니스small business는 스스로 자신을 고용하는 소규모 개인 사업자를 의미한다.

"미국을 위해 일자리를 만들자Create jobs for USA"라고 하면서 소기업의 일자리와 일거리 창출을 위해 5달러의 기부를 권유했다. '쪼개질 수 없는' 혹은 '나눌 수 없는'이라는 뜻의 'INDIVISIBLE'이란 단어가 새겨진 5달러짜리 팔찌를 구매하라며 스타벅스를 찾는 고객에게도 동참을 촉구했다. 모두 미국 사회의 구성원이니 경제적 수준에 따라 쪼개고 구분하지 말고 "함께 일하자"면서, 스타벅스와 기회금융네트워크OFN, Opportunity Finance Network에 기부하라고 했다. 5달러를 기부하면 35달러 이상의 가치를 발휘해 일자리의 창출과 유지에 기여한다는 내용이었다.

소외 계층에게 기회를 제공할 종잣돈의 펀드 조성에 동참하라고 호소한 이 광고는, 월드시리즈의 7번째 게임 중간에 나갔다. 스타벅스의 최고경영자 하워드 슐츠Howard Schultz는 사재를 털어 1분에 30만 달러나 되는 광고비를 냈다. 그는 자신의 개인 재단에서 500만 달러를 출연했고 상당액의 개인 재산까지 추가로 기부했다. 개인 기부와 크라우드 펀딩이

TO CREATE AND SUSTAIN SMALL BUSINESS JOBS

YOU'LL GET A WRISTBAND

TO SHOW SUPPORT

THE STARBUCKS FOUNDATION

WILL ALSO DONATE **$5 MILLION,** TO SHOW OURS

ALL OF US

WORKING TOGETHER

INDIVISIBLE

+
OPPORTUNITY FINANCE NETWORK
+
YOU

createjobsforUSA.org

©2011 Starbucks Coffee Company. All rights reserved. Paid for by Starbucks.

진행되었고 여러 기업들도 동참했다. 2011년 11월 1일부터 판매된 팔찌는 며칠 사이에 10만 개 이상 팔렸고 수익금 전액은 기회금융네트워크^{OFN}에 기부되었다.

2014년 12월까지 3년 동안 진행된 캠페인을 통해 1,520만 달러 이상의 기부금이 모였다. 지역개발금융기관 CDFI, Community Development Financial Institution도 지역민에게 1억 5백만 달러를 저리에 대출해주며 5,000개 이상의 일자리를 창출하는 데 힘을 보탰다. 기회금융네트워크에 모인 기부금은 저소득층이 주로 거주하는 180여 개 지역의 일자리 위기를 해소하는 데 기여했다. 3년 동안에 스타벅스의 매출도 7.4% 증가했고 영업 마진도 22.5%나 늘어났다.

하워드 슐츠. 그는 1953년에 뉴욕 브룩클린 빈민가의 유대계 집안에서 태어나 미식축구 선수가 되려고 했지만 운동으로 대성할 수 없음을 깨닫고, 세일즈맨을 하다가 27세에 시애틀의 작은 커피숍 스타벅스에 입사해, 나중에 그 회사를 인수해서 글로벌 기업으로 키워낸 일은 우리가 다 아는 사실. 슐츠는 커피 생산자인 농부들에게 공정한 보상을 돌려줘야 한다는 사회적 책임 의식을 자주 느꼈다. 그는 경제적 약자들에 대한 연민으로 물질적 보상을 해주는 것도 필요하지만 기회를 제공하는 것이 더 중요하다고 생각했다. 그가

2009년 르완다에 방문했을 때, 커피 농장에서 일하던 무캄위자 이매큘릿이라는 여성에게 소원을 물었다. 그녀는 "아이들에게 먹고 싶은 우유를 마음껏 먹일 수 있는 소 한 마리"를 가지는 게 소원이라고 답했다. 슐츠는 귀국해서 그의 재단을 통해 르완다 농부들에게 현금이 아닌 소 55마리를 선물로 보냈다.

하워드 슐츠가 주도한 '일자리를 만들자' 캠페인에서 주목해야 할 점은 기업의 사회적 책임을 즉흥적인 연민과 그때그때 베푸는 금전적 지원이 아닌 기회의 제공에 두었다는 사실이다. 국제표준화기구ISO에서 제시한 사회적 책임 지표인 국제표준 ISO26000 제5항에서는 기업이 지속가능한 경영을 하려고 몇 가지의 사회공헌 활동을 하는 데 국한하지 말고, 인권, 노동관행, 환경 문제, 공동체의 발전 같은 주제에 전방위적으로 개선하고자 노력하기를 권고한다. 기업이 사업 영역에 관련된 분야에만 관심을 갖지 말고 공공의 가치 환기에도 적극 관여해야 한다는 뜻이다.

▼
정동일, 「'모든 문제는 내 잘못 때문이다' 책임 인정한 CEO의 용기, 스타벅스 살렸다」, Dong-A Business Review 100호, http://dbr.donga.com/article/view/1306/article_no/4783, 2012. 3.

즉흥적이든 지속적이든, 모든 기부는 아름답다. 그렇지만 기업의 사회적 책임이라는 차원에서 보면, 단발성의 금전적 지원보다 사람들에게 기회를 제공하는, 좀 더 멀리 내다보는 기부 방안을 모색해볼 필요가 있겠다. 일자리 창출에 목말라 하는 이때, 스타벅스처럼 '일자리를 만들자' 캠페인을 주창하며 앞서서 치고 나가는 우리 기업이 기다려진다.

5

재미와 웃음까지 선사하며
팔고 싶을 때, 슬쩍

클린턴 이마에 붙은
한 장의 사진

타이레놀^{Tylenol}은 인간을 두통에서 해방시킨 해열진통제의 대명사로 알려져 있다. 3500여 년 전 고대 이집트 시기에 진통제에 대한 기록이 있을 정도로 진통제의 역사는 오래되었다. 1899년에 타이레놀의 주성분인 '아세트아미노펜'의 해열·진통 효과가 확인됨으로써 타이레놀의 역사가 시작되었다.▼

▼
Wikipedia, "Tylenol," https://en.wikipedia.org/wiki/Tylenol_(brand), 2018.

지난 120여 년 동안 국내외에서 얼마나 많은 이들이 두통에 시달릴 때마다 그 약을 찾았을까 싶다.

타이레놀의 광고 '클린턴' 편(1998)에서는 두통에 효과적이라는 약효를 유머러스하게 풀어냈다. 클린턴Clinton 전 미국 대통령과 모니카 르윈스키의 지퍼게이트 스캔들은 워낙 세상을 떠들썩하게 만들었기에 모르는 분이 없으리라. 재선에 성공한 클린턴을 시도 때도 없이 괴롭혔던 문제는 국내외 정치경제적 문제가 아닌 섹스 스캔들이었다. 타이레놀 두통약 광고에서는 클린턴의 섹스 스캔들을 소재로 활용해 타이레놀의 약효를 절묘하게 표현해냈다. 유머 광고가 아니면서도 소비자를 웃게 만드는 웃음의 파워가 대단하다.

세상은 그저 아무 일 없는 듯 잘 돌아가는 것처럼 보이지만, 사람들 속내는 이처럼 저마다 알 수 없는 골칫거리로 가득 차 있는 것 같다. 이런 맥락에서 전 세계인의 이목을 집중시킨 섹스 스캔들을 적절히 활용한 타이레놀 광고는 "댁의 골치는 지금 안녕하십니까?" 하고 묻고 있다.

김병희, 「댁의 골치는 어떠십니까?」, 『유쾌한 광고 통쾌한 마케팅』, 좋은책만들기, 2002, pp.160-162.

광고를 보면 클린턴 이마에 붙어 있는 르윈스키의 증명사진이 한눈에 들어온다. 광고 카피는 "심한 두통에는 For a strong headache 초강력 타이레놀"이라는 한 줄뿐이다. 타이레놀 광고에서는 자세한 설명을 하지 않고 있지만 광고에 나타난 비주얼 이미지만으로도 광고 메시지를 한눈에 알아볼 수 있도록 했다. 정보가 너무 넘쳐나 정보의 혼잡 현상이 오히려 커뮤니케이션 효과를 반감시키고 있는 마당에, 이 광고는 일발필도의 아이디어로 광고 메시지를 한눈에 끌어당긴다.

  광고 지면을 정확히 이등분하여 왼쪽에 클린턴 사진이 있고 그의 이마에는 그의 스캔들 파트너였던 모니카 르윈스키의 증명사진이 붙어 있다. 옆에는 타이레놀 병 하나만 덩그렇게 놓여 있다. 유명 브랜드인 타이레놀의 특성을 굳이 구질구질하게 설명할 필요가 없었을 터. 클린턴의 이마에 르윈스키의 사진을 붙임으로써 소재 자체만으로도 흥미를 유발했다. 성추문 특별위원회가 결성되어 법정에서 증언까지 해야 했던 클린턴의 골치가 얼마나 아팠을지는 안 봐도 비디오다. 스캔들로 떠들썩했던 1998년 당시에 두개골이 깨질 듯이 지끈거리는 두통에 클린턴이 얼마나 시달렸겠는가.

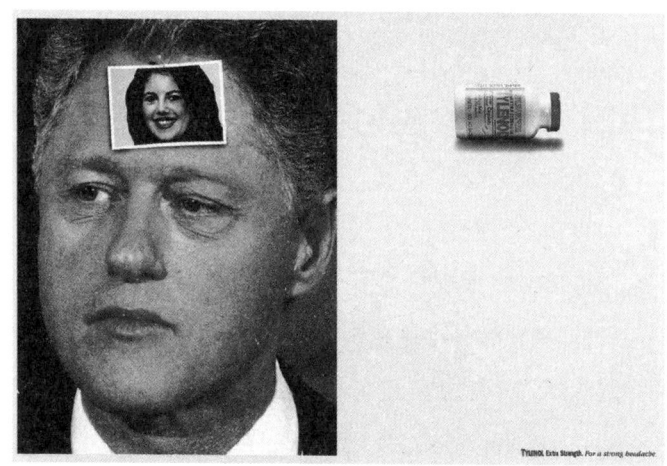

타이레놀 광고 '클린턴' 편(1998).

우리나라에서와는 달리 미국에서는 대통령이나 유명 정치인을 광고 모델로 활용하는 경우가 많다. 국가 원수를 모독했다는 죄로 기소될 염려도 없으니, 현직 대통령을 광고 소재로 써서 대통령이 처한 상황을 패러디하면 주목 효과는 극대화될 수밖에 없다. 더욱이 모델이 처한 상황과 광고하는 상품의 특성이 절묘하게 맞아떨어지도록 사실을 풍자할 경우에는 오랫동안 소비자의 기억 속에 남을 수밖에 없다. 광고 창작자들은 클린턴의 두통 문제를 타이레놀의 약효로 절묘하게 활용했던 셈이다.

타이레놀의 기발한 광고 시리즈는 클린턴 광고 이후에도 계속되었다. 쿠바의 독재자 카스트로Fidel Castro의 이마에는 사이가 나빴던 당시의 교황님 사진을 붙였고, 독일 카레이싱 스타 슈마허Schumacher의 이마에는 경쟁의 맞수인 선수 사진을 붙였다. 우리나라 광고에서는 가시면류관을 보여주며 "수고하고 무거운 짐 진 자들아, 다 내게로 오라"라는 유명한 성경 구절을 카피로 썼다. 가시로 머리를 찌른 듯 아픈 두통을 가시면류관으로 비유하며 한 줄의 카피를 써서 구체화시켰다. 모든 광고에는 설명을 길게 덧붙이지 않고 타이레놀이라는 브랜드 이름만 제시했다. 해열 진통제의 대명사라는 자신감의 발로이다.

타이레놀 광고 '슈마허' 편(1998).

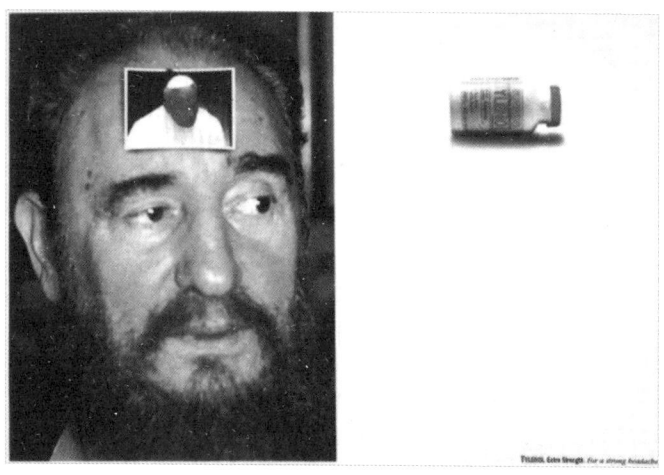

타이레놀 광고 '카스트로' 편(1998).

이 광고의 기획 의도는 두통으로 시달리는 사람들에게 타이레놀이 효과적이라는 메시지를 전달하는 데 있다. 그렇지만 진지한 메시지로 전달하지 않고 가볍고 쿨하게 표현했다. 골치 아플 때 먹는 약이지만 보면서 웃을 수 있도록 유머 기법을 활용해 메시지를 전달하고 있다. 만일 진지한 카피로 약효를 설명하는 광고를 만들었다면 광고가 지금처럼 주목받지 못했으리라.

나쁜 날씨란 없다, 두 가지의 좋은 날씨만 있을 뿐

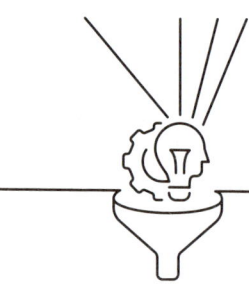

"대학생 중기 취업, 기업과 인식차 커"

"대기업-중소기업 양극화 인식차 여전"

"학교 현장 '학생인권보장' 인식차 크다"

"재정으로 일자리 창출, 여야 인식차 여전"

"한·미 인식차 없다면서도 곤혹스러운 정부"

"노사 간 인식차 극복 통한 상생 발전 구축해야"

"군 대북·안보관, 간부 – 장병 인식차 갈수록 커져"

"미혼과 비혼, 결혼 둘러싼 세대별 인식차, 까칠남녀"

"한국기업 회계투명성 미흡, 기업·회계업계 인식차 커"
"일반고 '위기론' 부른 학습 환경 두고 교사·학생 인식차"
"아빠 양육 인식차, 남편 '할 만큼 한다' 대 아내 '부족하다'"
"최저임금, 사업자-근로자 간 인식차, 물가상승률 대 생계비"

이상에 제시한 뉴스 헤드라인에서 공통적으로 등장하는 단어는 무엇일까? '인식차'라는 단어인데, 최근 뉴스를 검색해보니 동시에 수십 개의 언론 기사가 떠올랐다. 우리 사회에 인식의 차이가 저토록 만연해 있다는 분명한 증거일 터. 경영자와 근로자 간의 인식 차이에서부터 부부 간의 인식 차이에 이르기까지, 숱한 인식차가 발생한다. 우리들은 주변에 존재하는 모든 것을 있는 그대로 보는 게 아니라 자신이 생각하고 원하는 대로 인식하려는 경향이 있다. 인식의 차이는 갈등의 원인으로 작용한다. 시바스 리갈 광고에서는 보는 관점에 따라 인식의 격차가 얼마나 크게 나타나는지 확인할 수 있다.

시바스 브라더스Chivas Brothers사의 시바스 리갈CHIVAS REGAL 광고 '주인 대 손님' 편(1975)을 보자. 시바스 리갈의 술병 속에는 술이 딱 절반쯤 담겨 있다. 절반은 이미 마셨고 나머지

시바스 리갈의 '주인 대 손님' 편(1975).

절반이 남아 있는 순간이다. 술병만 있었다면 그런가 보다 했을 텐데 술병 위에 헤드라인을 배치하자 엄청난 광고 메시지가 탄생했다. "주인이 보기에는 반 병밖에 안 남았네. 손님이 보기에는 반 병이나 남았네 To the host it's half empty. To the guest it's half full." 절반쯤 남은 술에 대해 주인과 손님이 자신이 생각한 대로 이처럼 다르게 인식한다는 내용이다. 손님이 나머지 절반을 어서 마시고 한 병 더 시키기를 기대하는 술집 주인의 마음, 그리고 좋은 술이니까 나머지 절반을 조금씩 아껴 마시고 싶다는 손님의 심리 상태를 절묘하게 비교해 표현했다. 자신이 처한 상황에 따라 대상에 대한 인식이 이처럼 달라진다는 사실을 확인할 수 있다. 이 광고는 일상에서 잊기 쉬운 평범한 진리를 벌써 40여 년 전에 일깨워주었다.

광고가 나가자 소비자들의 반응은 뜨거웠다. 시바스 가문의 왕이란 뜻을 지닌 시바스 리갈. 이 광고 역시 시바스 리갈 광고의 왕이 되었다. 스코틀랜드 애버딘에서 1801년에 창립된 시바스 브라더스사는 중저가 스카치위스키로 시바스 리갈을 출시했다. 세계의 주당들에게 널리 알려져 있어 브랜드 인지도는 높았지만 중저가 위스키라 선호도는 만족할 만한 수준이 아니었는데, 이 광고로 인해 선호도가 13%나 올라갔다. 고가의 스카치위스키만을 찾던 애주가들이 인식차를 강조한

이 광고의 매력을 느껴보려고 술집에서 중저가 위스키였던 시바스 리갈을 찾았다는 사례도 많다. 이 광고는 1975년에 세상에 나왔지만 다른 주제로 시바스 리갈 캠페인을 전개했던 1990년대까지도 세계 여러 나라의 신문 지면에 종종 등장했다. 우리나라에서도 널리 알려진 시바스 브랜드, 지금은 프랑스의 페르노리카Pernod Ricard가 소유하고 있다.

존 그레이는 『화성에서 온 남자 금성에서 온 여자』라는 유명한 저서에서 남녀 간의 인식차를 설명하며 서로의 긴장감을 줄이고 사랑의 감정을 이끌어내는 전략을 제시했다. 여자가 남자에게 원하는 욕구는 관심, 이해, 존중, 헌신, 공감, 확신이었고, 남자가 여자에게 기대하는 욕구는 신뢰, 인정, 감사, 찬미, 찬성, 격려였다. 실제로는 존재하지 않는 화성인과 금성인을 설정해, 태어날 때부터 다른 남녀인지라 감정도 다를 수밖에 없다는 점을 실감나게 설명했다. 마찬가지로 경영자와 근로자의 인식도 태생적으로 다를 수밖에 없다. 열흘간의 추석 황금연휴에 대해서도 근로자는 환호하겠지만 경영자 입장에서는 직원들 월급 주기가 아깝다고 생각할 수 있으리라.

인식의 차이는 오해와 갈등을 야기하는 핵심 요인이다. 인식차가 느껴질 때마다 우리 모두가 '일견사수一見四水'란 말을 떠올렸으면 싶다. 물 하나에 대해서도 입장에 따라 네 가지 견해가 있을 수 있다는 뜻. 사람은 물을 물로 인식하지만, 물고기는 자기가 사는 집으로, 천상에서는 수정으로, 아귀는 피고름으로 인식한다고 한다. 영국의 사회사상가 존 러스킨John Ruskin도 이렇게 말했다. "햇빛은 달콤하고 비는 상쾌하며, 바람은 시원하고 눈은 기분을 들뜨게 한다. 세상에 나쁜 날씨란 없다. 서로 다른 두 가지의 좋은 날씨만 있을 뿐이다."

세상에서 가장 즐거운 직업을 팝니다!

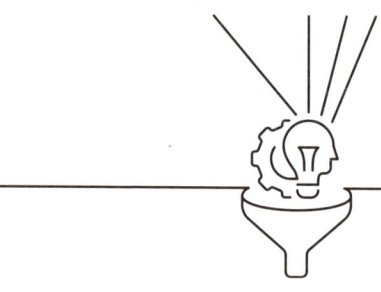

"취업 준비는 잘 하고 있니?"

연결해줄 곳도 없으면서 뜬금없이 취업 상황을 묻는다. 그 순간 취업준비생들은 어떤 생각이 들까? 그뿐이랴. 소개시켜줄 사람도 없으면서 언제 국수 먹게 해줄 거냐며 결혼 의향을 살피기도 한다. 회사의 경영진도 관심이 많기나 하다는 듯이 직원들의 사생활을 시시콜콜 묻는 경우가 많다. 딱히 어떤 해결책이나 대안도 없으면서 쓸데없는 말을 툭툭 던져 상대방의 기분을 잡치게 한다. 쓸데없는 말을 떠드는 가

퀸슬랜드 관광청 광고 '꿈의 직업' 편(2009).

납사니가 우리 주변에 너무 많다. 안 만나면 좋겠지만 그럴 수도 없는 사이라 마음이 더 불편할 수밖에 없다. 유명한 구인 광고 한 편을 통해 무엇을 어떻게 해야 사람들의 마음이 들뜨는지 살펴보자.

호주 퀸슬랜드 관광청Tourism Queensland의 광고 '꿈의 직업' 편(2009)을 보자. 세상에서 가장 좋은 직업인 퀸슬랜드의 해밀턴 섬 관리자로 일하라고 권유하는 구인 광고다.▼ 해밀턴 섬은 유네스코에서 지정한 세계문화유산이자 영국 BBC 방송에서 '죽기 전에 가봐야 할 50곳' 중 두 번째로 선정된 곳으로 유명하다. 어찌나 아름다운지 미국 애니메이션 영화 〈니모를 찾아서〉(2003)의 배경이 되기도 했다.

목소리로 강조하는 카피 없이 경쾌한 배경 음악을 바탕으로 거의 자막으로 광고 메시지를 전달했다. 세계인을 대상으로 누구나 알기 쉽게 자막 위주로 메시지를 구성했다.

"세상에서 가장 좋은 직업을 알게 된다면 응모하지 않으시겠습니까?"라는 제안형 자막으로 시작되는 광고의 주요 내용은 이렇다. 섬 관리자는 6개월 동안 방 3개가 딸린 집에

▼

김소예, 「The Best Job in the World: 호주 퀸슬랜드 관광청의 신선한 글로벌 전략」, 『오리콤 브랜드저널』 46호, 2009. 4.

서 생활하며 월 12일만 일하면 된다. 2주 단위로 보수를 받는데 6개월 총액이 15만 호주달러(한화 약 1억 5천만 원)다. 물고기에게 먹이를 주고, 수영장에 떠다니는 나뭇잎을 건져내고, 경비행기를 타고 우편물도 배달해야 한다. 백사장에서 에메랄드빛 산호초를 감상하고, 온천도 이용해야 하며, 스노클링도 즐겨야 한다. 주 1회씩 자신의 생활을 동영상으로 찍어 블로그에 올려야 한다. 이 밖에도 외로울 수 있으니 친구나 가족 한 명을 동반할 수 있고, 왕복 항공권과 여행자 보험도 제공된다. 세상에 이런 직업이 정말로 있을까 싶어 궁금해진다.

방송광고와 동시에 중국어, 일본어, 한국어, 영어로 신문광고를 내서 '꿈의 직업 The Best Job in the World'을 알렸고, 유튜브에 바이럴 동영상도 내보냈다. 섬 관리자가 되려면 이 일에 자신이 왜 적합한지 설명하는 1분 영상물을 제작해 블로그에 올려야 했다. BBC 방송과 로이터 통신 같은 세계적 언론사에서 구직 내용을 소개하자 모집 사이트는 첫날부터 서버 폭주로 다운되었다. 56일 동안의 응모 결과를 집계하자, 세계 201개국에서 34,684명이 1분짜리 동영상에 지원 동기를 담아 지원했다. 우리나라에서도 80여 명이 지원했는데, 결국 15개 나라에서 온 16명이 결선에서 맞붙게 되었다. 결선에서 경쟁하는 과정은 사진과 비디오로 전 세계에 소개되었다. 결국 34,684 대 1의 경쟁을 통과한 영국인 벤 수설Ben Southall이 마지막 한 명으로 선발되었다. 그는 이후 6개월 동안 해밀턴 섬에서 일하면서 자기 블로그의 방문자 수를 85,000여 명까지 끌어올렸다.

이 캠페인은 놀라운 결과를 가져왔다. 사람들이 영상을 찍어 블로그에 올리자, 흥미로운 영상 콘텐츠는 세계 여러 나라의 블로그, 유튜브, 소셜미디어로 끝없이 퍼져나갔다.

전 세계에서 무려 685만 명이 사이트를 방문했고, 모두 4,800만 건의 페이지뷰를 기록했다. 5,200만 건의 구글 검색이 이루어졌고, 23만 명이 다른 사람의 블로그를 포스팅했다. 많은 사람들이 퀸슬랜드 홈페이지를 방문하는 과정에서 저절로 엄청난 홍보 효과가 생겼다. 만약 퀸슬랜드 관광청에서 아름다운 바다와 생태계 풍경을 보여주며 퀸슬랜드를 방문하라고, 늘 해오던 방식으로 접근했더라면, 이런 성과는 결코 얻기 힘들었으리라.

전 세계를 뜨겁게 달군 이 캠페인의 성공 비결은 무엇일까? 누구나 주인공이 될 수 있다는 욕구를 자극하며 통합 미

모그, "The Best Job in the world," http://blog.naver.com/PostView.nhn?blogId=mog_inter&logNo=100157196795, 2010.

디어를 활용해 바이럴 캠페인을 전개한 전략이 주효했다. 통합 미디어를 통해 소비자에게 이야깃거리를 끊임없이 제공하고 확대 재생산함으로써 비용 대비 엄청난 효과를 거뒀다. 구인 광고였지만 결과적으로 해밀턴 섬을 전 세계에 널리 알려줄 홍보 전문가를 선발했던 셈이다. 퀸슬랜드와 해밀턴 섬에 대한 세계인들의 인지도와 호감도는 이전에 비해 곱절이나 올라갔다. 바이럴 마케팅의 전례 없는 성공 사례로 기록될 이 캠페인은 2009년 칸 광고제에서 그랑프리 3관왕을 차지했다. 광고 효과 측정 전문가들은 이 캠페인을 통해 퀸슬랜드 관광청이 1,300만 호주달러(한화 약 130억 원)의 광고 효과를 거뒀다고 추정했다.

이 캠페인은 기발한 아이디어로 해밀턴 섬을 널리 알렸다는 효과 측면에서 주목할 만하지만, 매력적인 제안이 얼마나 대단한 반응을 유발하는지 알게 해준다.

흰 콧수염을
만들어보세요

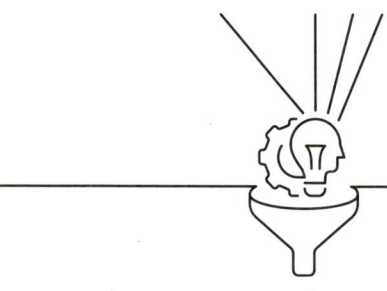

캘리포니아유가공업자협회California Milk Processor Board의 '우유 챘 겼어Got Milk?' 캠페인은 1993년 10월에 시작되었다. 1990년 대 초반 들어 탄산음료의 소비가 급증했고, 설상가상으로 우유가 지방이나 콜레스테롤을 높인다는 소문도 나돌아 우유 소비량이 급격히 떨어졌다. 우유의 특성을 사실적으로 묘사하기 어렵다는 점을 간파한 제프 굿비Jeff Goodby는 꼭 필요한 순간에 우유가 없어 난감한 상황을 보여주기로 마음먹었다. 우유의 소중함을 생각하며 고심 끝에 뽑아낸 키워드는 "우유 챙겼어?" 우유를 더 좋아하게 할 수는 없어도 우유가 없으면 문제가 생길 수 있다는 '박탈의 전략'을 구사했던 셈이다.

    1993년의 첫 번째 TV 광고는 한 남성이 땅콩 버터를 잔뜩 바른 빵을 먹으며 라디오 퀴즈쇼를 듣는 장면으로 시작한다. "알렉산더 해밀턴을 저격한 사람은 누구일까요?" 질문이 나오는 순간 "아론 버"라고 전화하고 싶었지만 빵을 먹고 있어 목 메여 말을 못한다. 옆에 있던 우유팩을 집었지만 비어 있다. 먹던 빵을 오물거리며 "아우움 버"라고 간신히 전화 응답을 하지만 정답으로 인정받지 못한다. 정답을 알아도 우유가 없어 퀴즈 문제를 놓치는 역사 퀴즈 마니아의 사례를 통해, 어떤 일이 벌어질지 모르니 늘 우유를 챙기라는 메시지를 흥미롭게 전달한 광고다. 이 광고가 나간 후 캘리포니아 지역의 우유 판매가 한 해 동안 7%나 늘었고, 감소하던 우유 소비량도 20년 만에 증가했다. 이 광고는 2002년 『USA투데이』의 여론조사 결과 위대한 광고 10선에 선정되었다.

    첫 광고가 성공한 다음 1995년부터는 광고회사를 옮겨 보젤Bozell에서 맡았다. 유가공업자교육프로그램의 '우유 챙겼어?' 시리즈는 1995년에 시작해서 2014년까지 계속했다.

안지영, 「우유 콧수염 돌풍 미 우유 소비 캠페인 '갓 밀크' 20년 만에 은퇴」, 『조선일보』, 2014. 3. 12.

슈퍼맨(1995), 케이트 모스(1996).

알렉스 트레벡(1998), 우피 골드버그(1999).

노아 와일(2000), 데이비드 베컴(2003).

앤젤리나 졸리(2003), 비욘세 & 티나 놀스(2006).

해리슨 포드(2011), 빅터 크루즈(2013).

우유 마신 입술 위에 남는 하얀 콧수염 자국을 소재로 활용했던 탓에 우유 콧수염milk mustache 광고로도 알려졌다. 이 시리즈에는 슈퍼맨(1995)을 비롯해, 배트맨, 케이트 모스, 알렉스 트레벡, 우피 골드버그, 노아 와일, 데이비드 베컴, 스티브 오스틴, 앤젤리나 졸리, 나오미 켐벨, 비욘세와 티나 놀스, 해리슨 포드, 르브론 제임스, 카멜로 앤서니, 빅터 쿠르즈에 이르기까지, 각계각층의 유명인이 등장했다. 스타들은 우유를 마신 뒤 입술 위에 남은 우유의 흔적을 보여주며, 자그마치 20년 동안이나 "우유 챙겼어?"라고 소비자들에게 물어보았던 것.

갤럽은 1990년대 중반에 미국인 성인남녀 91%가 이 캠페인을 알고 있다는 놀라운 결과를 발표했다. 2004년의 우유 소비량은 1995년에 비해 46%나 증가했다. 광고 자체도 인기를 얻어 일상생활에서 "Got ( )?"라는 수많은 패러디물이 등장했다. 한편으로는 우유 소비 촉진운동이 전 세계로 번져 일본에서 '애스크 밀크Ask milk'나 케냐에서의 '두 밀크Do milk' 캠페인이 전개되었다. 우리나라에서도 우유자조금관리위원회의 '밀크 프린스'나 '도심 속 목장 나들이' 캠페인이 활성화되었다. 미국에서는 2014년부터 '우유 챙겼어?'의 후속편으로 '밀크 라이프'라는 새 캠페인을 시작했다.

지금은 우유 콧수염 시리즈를 1993년의 론칭 광고를 진화시킨 명작으로 평가한다. 하지만 처음에는 광고 전문가들의 반대가 만만치 않았다. 제프 굿비도 1993년에 자신이 썼던 "우유 챙겼어?"를 콧수염 시리즈에 넣으면 부적절하다고 혹평했다. 유명인의 우유 콧수염과 광고 헤드라인이 상관성이 낮아 콘셉트를 구현하지 못하고, 유명인의 명성에만 얹혀 간다는 이유에서였다. 그러자 보젤의 광고 창작자들은 우유 콧수염이 "Got Milk?"와의 상관성을 오히려 높여줄 것이라고 반박했다. 또한, 광고 목적에 충실한 의사결정이었으며, 유명인이 추천하면 강력한 메시지로 작용할 것이라며 광고주를 설득했다. 잠시 흔들리던 광고주도 결국 보젤의 손을 들어주었다. 그 결과, 20년이 지난 지금 우리는 명작 캠페인을 하나 더 얻게 되었다.

계단을
피아노 건반으로

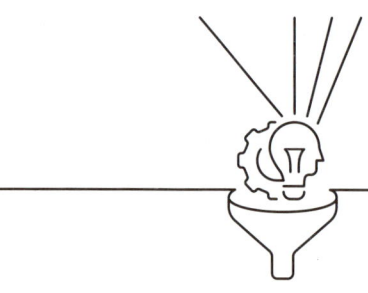

사람의 심리에는 묘한 구석이 있다. 하라고 강조하면 더 안 하고 싶고 하지 말라고 하면 더 하고 싶은 마음. 어떤 것을 하려고 이미 생각하고 있었는데 윗사람이 지시하면 왠지 반발심이 생기기도 한다. 청개구리 심보다. 부모가 말하는 그 순간에는 "알겠어요!"라고 대답해놓고 나서는 결국 자기 생각을 하나도 바꾸지 않는 자식들의 반응을 떠올려보라. 이런 현상은 기업 내 상하 간 의사소통에서도 자주 나타난다. 누구에게든 직접 화법으로 말하면 가르치려는 것으로 받아들여 반발하기 십상이다. 그 지시가 아무리 옳더라도 훈계의 대상이 되는 것을 싫어하는 사람의 심리 때문이다.

그럴 때마다 리처드 세일러$^{Richard\ H.\ Thaler}$ 교수가 제시한 '넛지^{Nudge}' 개념을 써보면 많은 도움이 될 것이다. 넛지의 사전적 의미는 옆구리를 팔꿈치로 슬쩍 건드린다는 것인데, 타인의 선택을 유도하는 부드러운 개입을 뜻한다. 세일러 교수는 「소비자 선택의 긍정 이론을 위하여」(1980)라는 경제학 논문에서 넛지 개념의 원형을 제시했다.

2002년의 노벨경제학상 수상자였던 대니얼 카너먼$^{Daniel\ Kahneman}$ 교수는 이 논문이 행동경제학의 단초를 열었다고 극찬했다. 평생 동안 인간의 두루뭉술한 사고 체계와 생각의 편향성에 대해 연구한 카너먼 교수는 학창 시절에 경제학 강의를 단 한 번도 듣지 않았다고 한다. 심리학자로서 노벨경제학상을 받은 그는 합리성이 매우 비현실적인 개념이라고 하면서, 사람들이 비합리적인 심리 상태에서 의사결정을 하는 경향이 많다고 했다. 위기 상황에서의 의사결정 방법으로 '전망 이론'을 제시한 그는 인간이 합리적으로 선택하는 존

Richard Thaler, "Toward a Positive Theory of Consumer Choice," *Journal of Economic Behavior and Organization 1*, 1980, pp. 39-60.

폭스바겐의 옥외광고 영상 '피아노 계단' 편(2009).

재라고 가정하는 주류 경제학을 부정했다. 자신이 노벨경제학상을 수상했을 때는 세일러 교수에게 그 공을 돌리기도 했다. 서울지하철 을지로입구역을 비롯해 여러 곳에 피아노 건반 같은 계단이 있다. 거기에도 넛지 개념이 적용되어 있다.

폭스바겐의 옥외광고 영상 '피아노 계단' 편(2009)을 보자. 친환경 자동차로 출시한 폭스바겐 블루모션의 프로모션을 위해 스웨덴 스톡홀름의 오덴플랜 역에 피아노 건반의 계단을 만든 다음, 몰래 카메라를 설치해 사람들의 행동 변화를 기록한 영상이다. 광고회사 DDB스톡홀름 지사에서 만든 이 영상은 세계 여러 나라에서 계단을 피아노 건반으로 바꾸는 데 결정적인 영향을 미쳤다. 영상의 첫 장면에서 알 수 있듯이 역에서 나온 사람들 모두가 계단보다 에스컬레이터를 타고 지상으로 올라간다. 계단을 피아노 건반으로 바꾸는 공사를 하자 처음에 호기심을 가지고 바라보던 사람들이 에스컬레이터가 아닌 도레미파솔라시도가 경쾌하게 울리는 음악 계단을 이용하기 시작한다. 그 수가 점점 늘어나 나중에는 피아노 건반 계단에서 뜀뛰기를 하면서 재미있게 장난치는 사람들도 등장했다.

이 프로모션의 핵심은, 기존의 계단을 피아노 건반 같은 계단으로 바꿔 절전이라는 행동 변화를 유도하는 내용이다.

재미있으면 사람들의 행동을 확실히 더 좋게 바꿀 수 있다는 '재미 이론fun theory'을 강조하며, 폭스바겐이 주도하겠다는 마무리 메시지를 내보내며 광고가 끝난다. 사람들의 행동을 바꾸는 가장 손쉬운 방법은 재미를 느끼게 하는 것. 이 옥외광고 영상에서는 전기를 아껴 쓰자며 직접 화법으로 강요하지 않고, 피아노 건반 계단을 밟으며 재미를 느낄 넛지 장치를 슬쩍 제시할 뿐이다. 프로모션을 전개한 결과, 넛지 장치가 사람들의 호기심을 불러일으켜 피아노 건반 계단을 이용하는 사람들이 평소에 비해 66%나 늘어났다. 그리고 이 영상이 유튜브에 노출되자 순식간에 100만 뷰 이상을 돌파했다.

우리에게는 시간과 자원이 무한정 주어지지 않는다. 이런 상황에서 수많은 정보와 모든 대안을 샅샅이 검토하고 나서 의사결정을 하기는 어렵다. 다시 말해서, 합리적이고 논리적으로 선택하기보다 주어진 한계 속에서 최선을 다해 의사결정을 해야 하는 경우가 많다. 2017년의 노벨경제학상 수상자인 리처드 세일러와 법률가 캐스 선스타인이 함께 쓴 『넛지』에서는 우리들이 논리적으로 판단하는 경제적 인간과는 거리가 멀기 때문에, 자신에게 주어진 '제한적 합리성bounded rationality'에 따라 의사결정을 하게 된다는 사실을 생생하게 묘사했다.

인간은 완전한 합리성, 완전한 자제심, 완전한 이기심을 가질 수 없다는 것이 저자들의 핵심 주장이었다.

바로 이 지점에서 행동경제학 Behavioral Economics의 개념이 태동했다. 인간이 합리적이고 논리적이라고 가정하는 주류 경제학의 전통과는 달리, 행동경제학에서는 인간의 비합리성과 비이성성에 주목하면서 사회경제적 현상에 대해 설명한다. 주류 경제학에서는 인간의 판단이나 의사결정 과정에 심리적 요소를 충분히 반영하지 않았지만, 행동경제학에서는 사람의 감정과 심리상태가 인간의 판단이나 의사결정에 상당한 영향을 미친다는 사실을 적극적으로 고려한다.

"한발 앞으로 다가서세요." "당신이 흘리지 말아야 할 것은 눈물만이 아닙니다."

남자 화장실의 소변기 위에 이런 표어를 써 붙여도 소변이 튀는 것을 막는 효과는 별로 없었다. 오줌을 흘리면 안 된다는 주장은 합리적이다. 그런데도 사람들은 합리적으로 행동하지 않았다. 아무리 열심히 소변기를 닦아도 밖으로 튀는 소변 때문에 지린내가 진동했다. 네덜란드 암스테르담의 스

▼
리처드 세일러·캐스 선스타인, 『넛지』, 안진환 옮김, 리더스북, 2009.

키폴공항 관계자는 이 문제를 해결하려고 네덜란드 경제학자 아드 키붐Aad Kieboom과 상의해 파리 한 마리가 그려진 스티커를 소변기 중앙에 붙였다. 그랬더니 소변을 보려고 바지를 내린 남성들은 파리를 겨냥해 오줌을 누기 시작했다. 남성들은 파리라는 넛지 장치를 조준하는 즐거움을 누렸고, 결국 설치하기 이전에 비해 80% 이상의 개선 효과를 보았다.

오줌을 흘리지 말라는 표어도 없었고 강요하지도 않았지만 남성들은 파리를 겨냥하며 소변을 보았다. 이처럼 인간의 행동은 체계적이고 합리적인 판단 과정을 통해서만 나타나지 않는다. 오히려 즉흥적이고 감정적인 심리 상태에 따라 행동하는 경우도 많다. 심리학과 경제학이 결혼해 낳은 이종교배 자식이라 할 수 있는 행동경제학은, 우리들의 비합리적인 의사결정 과정이나 청개구리 심보를 이해하는 데 있어 깊은 통찰력을 제공해준다.

사람들에게 어떤 선택을 강제로 금지하거나 그들의 경제적 이득을 훼손하지 않고도 예상할 수 있는 방향으로 그들의 행동을 변화시키고 똑똑한 선택을 유도하는 선택 설계의 기술, 그것이 넛지가 아니겠는가? 넛지는 분명 행동경제학의 개념이지만 소통의 현장이나 의사결정 과정에서 가장 효과를 발휘할 수 있다.

『미쉐린 가이드』, 별 세 개의 탄생!

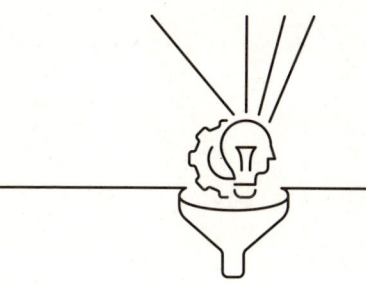

10여 년 전부터 경영 현장에서 콘텐츠 마케팅Contents Marketing이란 말이 전염병처럼 창궐하더니, 이제는 대세를 넘어 도도한 흐름이 되었다. 신문이나 TV 같은 전통 매체를 보는 사람들이 줄어들고, 광고 효과가 나날이 떨어지고 있는 상황에서, 콘텐츠 마케팅 기법은 자유로운 형식과 내용으로 고객과 소통할 수 있고 소비자의 반응을 SNS를 통해 바로바로 확인할 수 있다는 장점이 있다. 이 때문에 우리나라 기업의 90퍼센트 이상에 콘텐츠 마케팅을 시도했다는 통계도 있다.

미쉐린 타이어 옥외광고(1905, 위)와 미쉐린 가이드 광고들(1900, 1918, 1920, 아래 왼쪽부터).

불특정 다수를 대상으로 전통적인 4대 매체(TV, 라디오, 신문, 잡지)에 광고를 하지 않고 특정 고객에게 가치 있는 콘텐츠를 만들어 확산시키는 마케팅 기법이 콘텐츠 마케팅이다. 따라서 콘텐츠 마케팅의 궁극적인 목적은 수익성 있는 소비자 행동을 유발하는 데 있다. 하늘 아래 새로운 것은 없다는 말처럼, 콘텐츠 마케팅도 전혀 새로운 개념은 아니다. 1900년부터 출판되기 시작해 지금은 좋은 레스토랑을 안내하는 책의 대명사가 된 『미쉐린 가이드』의 초창기 판본에서도 콘텐츠 마케팅의 원형을 발견할 수 있으니까, 세계 최초로 콘텐츠 마케팅을 전개한 회사가 미쉐린 타이어라고 해도 결코 틀린 말은 아닐 것이다.

미쉐린 타이어 옥외광고 '퍼레이드' 편(1905)은 흥미롭다. 미슐랭 형제는 타이어로 사람 모형을 만들어 미쉐린 타이어의 상징으로 삼은 미쉐린 맨Michelin man을 마차에 싣고 거리에 머물러 있다. 그 자체로 사람들의 주목을 끄는 옥외광고의 기능을 하고 있다. 미쉐린 맨은 1900년대 초반에 등장했으니 아주 오래된 마스코트라고 할 수 있다. 이어지는 광고에서도 "마실 거리Boit L'obstacle"(1900), "200개의 삽화200 illustrations"(1918), "미슐랭 대리점과 서점에서 판매 중En vente chez les Stockistes Michelin et chez les Libraires"(1920) 같은 카피를 써서, 미쉐린 타이어를 알리는 광고와는 별도로 미쉐린 가이드를 꾸준히 알리는 메시지를 전달해왔다.

1895년, 앙드레 미슐랭Andre Michelin과 에두아르 미슐랭Édouard Michelin 형제는 세계 최초로 공기 주입식 타이어를 장착한 자동차인 '번개'를 몰고 자동차 경주에 참가했다. 자전거 타이어에 바람을 넣는다는 사실에서 아이디어를 착안해 자동차에 적용했던 셈. 이런 시도를 계기로 삼아 미슐랭 형제는 1889년에 프랑스 중부의 클레르몽 페랑Clermont-Ferrand에 미슐랭 타이어사를 설립했다. 한국이나 미국에서는 '미쉐린 타이어'라고 불리지만 프랑스에서는 처음부터 '미슐랭 타이어le pneu Michelin'라고 했다.

1900년의 프랑스, 자동차가 3,000여 대에 불과했고 도로 여건도 너무 열악해 프랑스인들은 운전 자체를 모험이라고 생각해 운전하기를 꺼려 했다. 미슐랭의 비즈니스도 자전거 타이어를 생산하는 데 치중할 수밖에 없어 매출 신장은 기대하기가 어려웠다. 미슐랭 형제는 자동차 수요가 늘

Mark Fortner, "History of the Michelin Guide: A Marketing Triumph Like No Other," https://www.motor1.com/news/69939/history-of-the-michelin-guide-a-marketing-triumph-like-no-other/, 2012. 11. 21.

어나야 타이어 생산도 늘어난다고 생각해 이런저런 궁리를 하게 된다. 마침내 떠오른 아이디어가 『기드 미슐랭Guide Michelin』의 발간이었다. 요즘 말로 하자면 사업할 수 있는 파이를 먼저 키우는 문제가 시급했던 것. 그 일환으로 자동차 수요를 늘리려면 자동차 관련 콘텐츠를 확산시킬 필요가 있었던 셈이다.

1900년, 미슐랭 형제는 299쪽의 『기드 미슐랭』 초판 35,000부를 찍어 타이어 구매 고객에게 무료로 배포했다. 이 책에는 자동차 여행 정보, 맛있는 식당, 숙박 시설, 여행 팁, 주유소의 위치, 지도, 타이어의 교환 방법 등 다양한 정보 콘텐츠가 담겨 있었다. 그 후 해마다 판을 바꿔 발행되었다. 이 책이 사람들 사이에서 인기를 얻고, 1908년에 미국의 포드자동차에서 모델 티Model T를 생산하면서부터 미슐랭 타이어는 날개를 달았다. 1913년에 미슐랭은 스페어타이어를 차에 부착해야 안심할 수 있다는 아이디어를 업계에 확산시켜, 운전자의 안전을 위한 필수품으로 자리 잡도록 하는 데도 크

Messy Nessy, "So How Did a Company Selling Rubber Tires Become the World's Authority on Restaurants?," http://www.messynessychic.com/2015/03/18/so-how-did-a-company-selling-rubber-tyres-become-the-worlds-authority-on-restaurants/, 2015. 3. 18.

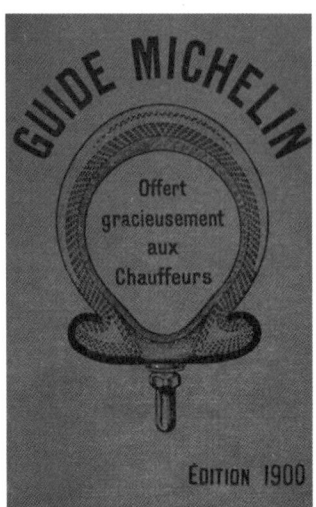

『미쉐린 가이드』의 결정적 판본들(1990, 1926, 1933, 2009).

게 기여했다. 이렇게 되니 자동차 타이어의 매출도 저절로 늘어나게 되었다.

제1차 세계대전이 끝난 후 1920년에 접어들어 미슐랭 형제는 우연히 들렀던 타이어 정비소에서 『기드 미슐랭』이 작업대를 지지하는 받침대로 쓰이는 것을 보고, 무료 제공의 방침을 바꿔 유료화를 결심한다. 그들은 사람들이 직접 돈을 지불한 그 무엇에만 진정으로 가치 있게 생각한다는 평범한 진리를 놓쳤다고 판단했다. 그래서 1920년부터는 한 권당 프랑스화 7프랑 또는 미화 2달러를 받고 판매하기 시작했다. 『미쉐린 가이드』는 1911년부터 유럽 전역에서 발간되기 시작했고, 2006년부터는 미국 판이, 2007년에는 아시아권에 진출해 일본 도쿄 판이 발행되었고, 2009년에는 홍콩과 마카오 판의 발간으로 아시아 지역에서도 가치를 널리 인정받았다. 현재는 전 세계 90여 개 국에서 연간 1,800만 부가량이 판매되고 있다고 한다.

『미쉐린 가이드』는 음식이 맛있기로 소문난 호텔에 1926년부터 별점을 붙이기 시작해서 1933년에 완성한 미쉐린 스타Michelin Star, 합리적인 가격에 맛있는 음식을 선사하는 친근한 분위기의 레스토랑에 1957년부터 도입하기 시작한 빕 그루망Bib Gourmand, 신선한 재료로 잘 조리한 음식을 기준으로 선정되는 레스토랑에 2016년부터 '접시'라는 가치를 부여하기 시작한 더 플레이트The Plate 등으로 계속 발전해왔다. 요리 재료의 수준, 요리법과 풍미의 완벽성, 요리에 대한 셰프의 개성과 창의성, 가격에 합당한 가치, 전체 메뉴의 통일성과 언제 방문해도 변함없는 일관성 같은 미쉐린 스타의 5가지 평가 기준은 책의 권위와 공정성을 더욱 높여주고 있다.

이제, 미쉐린 가이드는 미식가들의 바이블이 되었다. 『미쉐린 가이드』의 확산과 더불어 미쉐린 타이어도 글로벌 브랜드로 자리 잡았다. 성공의 핵심적인 원동력은 타이어를 광고하지 않고 자동차 운전자를 위한 안내서를 발간한 데서부터 시작되었다. 타이어의 잠재 고객이라 할 수 있는 자동차 운전자들에게 가치 있는 콘텐츠를 제공했기 때문에 가능한 일이었다. 100여 년 이상의 시간이 흐르는 동안 전 세계의 울퉁불퉁했던 도로들도 이제 첨단 고속도로가 되었고, 미쉐린의 성장과 더불어 음식문화도 발전했다.

핵심 콘텐츠가 없고 겉만 번지르르한 사람이 시간이 지날수록 그 빛을 잃는 경우를, 우리는 자주 경험해보았다. 마찬가지로 흥미로운 콘텐츠가 없는 콘텐츠 마케팅은 아무 짝에도 쓸모없는 거창한 구호로만 끝날 가능성이 높다. 여러 기업에서 콘텐츠 마케팅을 마치 구세주처럼 여기며 많은 비용을 쓰고 있지만, 자기 회사에 적합한 흥미로운 콘텐츠를 발굴하지 못한다면 말짱 도루묵이 될 것이다. 1900년으로 돌아가 미슐랭 형제의 전기라도 읽어보면, 유튜브에서 수천만의 조회 수를 올릴 콘텐츠 마케팅의 단서가 있을지도 모른다.

6

단순하지만 강력한 한마디로 팔고 싶을 때, 슬쩍

알파벳 네 자로
대통령이 되었다

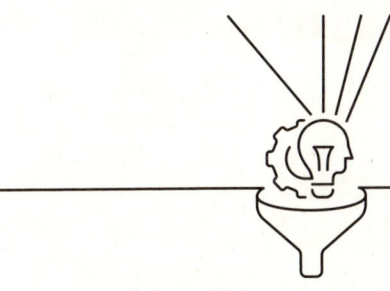

기업에서는 기업 이미지 광고를 자주 한다. 즉각적인 효과를 기대하는 상품 판매 광고와는 달리, 기업 이미지 광고는 브랜드 자산을 구축하기 위해 멀리 내다보고 하는 기업 커뮤니케이션이다. 따라서 기업 이미지 광고에는 최고경영자의 경영 철학이 속속들이 녹아 있을 수밖에 없다.

우리나라에서는 이삼 년에 한 번씩 기업 슬로건을 바꾸는 곳이 많다. 그렇게 자주 바꾸면 시간이 지난 다음 소비자의 머릿속에는 어떠한 단어나 이미지도 남지 않는다. 한 표

아이젠하워의 정치광고 '아이크IKE' 편(1952).

가 소중한 선거판에서 아이젠하워Dwight D. Eisenhower 후보는 메시지의 과욕을 버리고 사람들이 쉽게 기억할 수 있는 슬로건을 채택했다. 그는 우리에게 친숙한 맥아더 장군의 전속부관 생활을 무려 9년 동안이나 묵묵히 수행했던 일화로도 유명하며, 우리나라를 공식 방문한 미국의 첫 대통령이기도 하다.

기억하기 쉬운 슬로건으로 제34대 미국 대통령에 당선된 아이젠하워의 정치광고 '아이크IKE' 편(1952)을 보자. 광고가 시작되면 "아이젠하워를 대통령으로Eisenhower for President"라는 자막이 뜬다. 미키 마우스 만화에서 자주 보던 캐릭터가 등장해 퍼레이드 악대를 지휘하면 드럼 소리에 맞춰 코끼리가 등장한다. 코끼리의 코에는 'IKE'라고 쓴 현수막이 걸렸고 등에는 아이젠하워의 캐리커처가 그려진 안장을 걸쳤다. 꼬리에 매단 북채로는 북을 치며 행진하는, 인상적인 애니메이션 영상이다. 두루 알다시피 '아이크Ike'는 아이젠하워의 애칭이다. 손에 'IKE'라는 팻말을 든 사람들이 낮에도 밤에도 계속 행진을 이어가고 급기야 백악관 건물의 첨탑 끝에 'IKE'가 빛난다. 그 사이사이에 "아이크가 좋다I like Ike"라는 슬로건이 계속 반복되고, 마지막 장면에서 "아이젠하워를 찍자Vote for Eisenhower"라며 광고가 끝난다.

이 광고에 들어간 알파벳은 아이I, 엘L, 케이K, 이E, 네 개

뿐이다. 애칭 '아이크^{Ike}'를 활용해 "I like Ike"를 수차례 반복했다. 짧고 평범한 단어로 기억하기 쉽게 했다. "I like Ike"는 수사학에서의 유음중첩법類音重疊法, paronomasia을 활용한 것. 유음중첩법이란, 음은 비슷하지만 의미는 다른 단어를 결합시켜 리듬감을 살리고 의미의 강도를 심화시키는 일종의 말놀이(말장난)인데, 우리나라 판소리 사설에서도 자주 쓰였다.▼ 어쨌든 제2차 세계대전을 승리로 이끈 전쟁 영웅으로서의 인기나 한국전쟁을 반드시 끝내겠다는 선거 공약이 승리의 결정적 요인이었지만, 슬로건도 한몫한 것이 분명하다. 선거 참모들은 다른 후보자처럼 접근하지 않았다. 많은 자랑거리를 내세우지 않고 오로지 "I like Ike"로 승부수를 던졌으니, 알파벳 넉 자가 대통령을 만들었다 해도 과언이 아니다.

1952년의 미국 대통령 선거전에서 공화당의 아이젠하워 선거 참모들은 유권자의 마음을 사로잡을 아이디어를 찾느라 고심하다 선거 캠페인을 전문가에게 맡기기로 했다. 어빙 베를린$^{Irving\ Berlin}$이 카피를 쓰고, 월트 디즈니의 로이 디즈니^{Roy}

▼
한채영, 「구비시가 사설에서의 말놀이와 골계 생성방식: 민요와 잡가를 중심으로」, 『새얼어문논집』, 1994, pp. 251-238.

Disney가 연출해 광고를 제작했다. 슬로건 시안이 처음 나왔을 때 "아이크가 좋다"가 너무 평범하다며 선거 참모의 90%가 반대했지만 아이젠하워는 간단한 게 좋다며 광고 전문가의 손을 들어주었다. 군인다운 간명한 결정이었다.

결국 아이젠하워는 제34대 미국 대통령으로 취임했고, 이 광고는 미국 TV에 방송된 최초의 정치 캠페인이 되었다. 아이젠하워는 간단명료한 메시지로 유권자 곁으로 다가갔다. 미국인들은 환호하며 그의 대선 슬로건을 외쳤고, 슬로건이 적힌 티셔츠도 불티나게 팔려나갔다. 덕분에 그는 선거의 승자가 되었다. 『타임』지는 역사상 톱 10 캠페인 광고의 하나로 이 광고를 선정하기도 했다. 아이젠하워는 1956년의 선거에서도 "여전히 아이크가 좋다 I still like Ike"라는 슬로건을 써서 재선에 성공했다.

우리나라에도 1984년부터 지금까지 계속되어온 유한킴벌리의 "우리 강산 푸르게 푸르게!" 같은 장기 캠페인이 있다. 그러나 많은 기업들이 슬로건을 너무 자주 바꾼다. 기업 슬로건을 자주 바꾸는 데는 나름의 이유가 있겠지만, 최고경영자가 싫증내기 때문에 바꾸는 경우도 많다. 한 가지 슬로건으로 광고를 너무 오래 하지 않았느냐며 지루해한다는 것이다. 하지만 이는 전적으로 잘못된 판단이다. 어떤 광고를 가장 자주 보는 사람은 광고주일 수밖에 없다. 자기네 광고가 잘 나오나 안 나오나 하며 너무 자주 광고를 봐서 싫증날 때쯤 해서, 소비자들은 이제 막 그 광고를 처음 볼 수도 있다.

시시각각으로 유권자의 마음이 바뀌는 선거판에서 아이젠하워의 선거 참모들도 상황에 따라 얼마나 자주 슬로건을 바꾸고 싶었겠는가? 하지만 참았다. 정치판에서 한 슬로건을 8년이나 쓴다는 것은 대단한 인내심의 산물이다. 선거의 계절을 맞이해, 바꾸고 싶은 변덕을 억누르고 한번 정한 기업 슬로건을 오래오래 밀고 나가는 인내심을 배우는 것도 필요한 덕목이다. 이것이 알파벳 아이^I, 엘^L, 케이^K, 이^E, 네 자가 가르쳐주는 경영 통찰력이 아니겠는가.

결코 바꾸지 않으면서도
늘 바꾸기

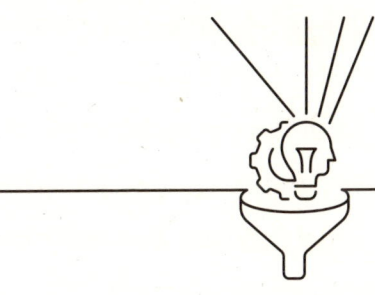

학창 시절에 파트너를 자주 바꿔 연애 대장으로 불리던 친구들이 40~50을 넘어서도 결혼하지 못하는 경우가 많다. 더 좋은 상대를 계속 찾다 보니 결혼하지 못했으리라. 수많은 외주 업체를 활용하는 기업 경영에서도 마찬가지다. 하도급 계약 관계를 장기간 유지하는 경우가 퍽 드물다. 예컨대, 광고회사나 PR회사에 일을 맡겨도 우리나라에서는 3년을 계속하기 어렵다. 지금의 업체가 일은 잘 하지만 뭐라 설명하기 어려운 그 밖의 서비스에는 무심하니 왠지 바꾸고 싶어진다. 그런 순간에 그 밖의 서비스를 잘 해주겠다는 다른 업체가 나타난다.

이렇게 해서 예정에 없던 경쟁 프레젠테이션이 생겨난다. 겉으로는 공정 경쟁이라고 하지만, 이미 업체를 내정해놓고 프레젠테이션을 하는 경우도 많다. 정부나 공공기관의 용역 업무에 있어서도 대행사가 해마다 바뀌는 경우가 부지기수다. 1년 단위로 예산을 집행해야 하는 현실에서 부득이한 측면도 있지만, 조금 알 만하면 대행사를 바꿔야 하고 해마다 새로 시작해야 하니 관련 지식이 축적될 수가 없다. 연애 대장들처럼 늘 새로운 파트너와 일을 '새롭게' 시작해야 하니, 정책에 대한 장기 캠페인은 언감생심 꿈도 꾸지 못한다. 앱솔루트 보드카Absolute Vodka 광고에서 파트너를 바꾸지 않는 자세가 얼마나 중요한지 알아보자.

앱솔루트 도시Absolute Cities 캠페인은 '앱솔루트 L.A.' 편(1985)을 시작으로 지금까지도 계속되고 있는 장기 캠페인이다. 보드카와 도시가 관련성이 없다는 처음의 우려에도 불구하고 이 시리즈는 대단한 성공을 거두었다. 도쿄, 시드니, 베이징, 방콕, 스웨덴의 아이스호텔 유카스야르비Jukkasjarvi, 모스크바, 그리스 북부의 교구청 소재지 테살로니키Thessaloniki, 애틀랜타, 브루클린, 로스앤젤레스, 맨해튼, 시애틀 등 여러 도

시에 앱솔루트 병 모양이 등장했다. '마드리드' 편에서는 기타로 유명한 세고비아를 연상하도록 기타 중앙에 앱솔루트 병 모양의 홈을 팠고, '암스테르담' 편에서는 관광 도시를 강조하려고 박물관 건물을 병 모양으로 만들었고, '비엔나' 편에서는 음악의 도시를 알리기 위해 음표들을 모아 병 모양을 형상화했다.

우리나라도 광고 소재로 활용되었다. '서울'이라는 도시 이름을 쓰지 않고 아예 "앱솔루트 코리아"라는 헤드라인을 써서 '한국' 편(2016)을 내놓았다. 광화문 촛불 행진 장면을 담아 "미래는 창조하는 사람들의 것 The Future is Yours to Create"이라는 설명까지 덧붙였다. 광고 창작자들은 광화문의 촛불 열기를 병 모양에 담아 민심의 향방을 정확히 묘사했다. 여러 캠페인에서는 앱솔루트 병을 주인공으로 삼고, '앱솔루트 ○○○' 형태의 두 단어 카피를 사용해서, 광고를 파인아트처럼 만들거나 파인아트의 광고화를 시도했다. 똑같은 형식과 내용을 유지한 이 광고들은 도시별 특성을 앱솔루트의 자산으로 연결시켰다. 광고 창작의 핵심은 도시의 단편적인 이미지

김병희, 「앱솔루트 캠페인에서 배우자」, 『광고 오디세이』, 연암사, 2006, pp.102-107.

를 넘어 그 도시의 역사와 문화까지 담아내는 데 있었다. 앱솔루트 병 모양 광고는 콘셉트와 스타일은 30년 동안 바뀌지 않았지만 도시의 특성을 소개하는 메시지 내용은 조금씩 바뀌어왔다. 그렇게 해서 '결코 바뀌지 않으면서도 늘 조금씩 바뀌는' 성공 캠페인으로 자리 잡았다.

다들 알다시피 앱솔루트 보드카는 1879년 라스 올슨 스미스Lars Olsson Smith가 스웨덴에서 알코올 40%와 물 60%를 섞어 연속식 증류법을 개발해 보드카의 상품화에 성공하면서 시작되었다. 1979년부터 수출을 개시해 1980년에 미국 시장의 문을 두드렸다. 미국의 작은 수입업체 캐릴런Carillon Importers사는 앱솔루트의 론칭에 앞서 광고회사 TBWA와 광고 대행 계약을 맺었다. 앱솔루트는 1981년의 론칭 때부터 20여 년간 파트너를 바꾸지 않고 TBWA에게 광고를 맡겼다. 그렇게 해서 20년 동안 일관된 콘셉트를 유지한 앱솔루트 캠페인은 광고사에 길이 남을 불후의 명작이 된다. 더 잘 해주겠다는 여러 광고회사들의 유혹이 있었지만, 앱솔루트는 작은 실수마저 감싸며 TBWA를 20여 년 동안이나 믿어주었다.

Absolutad.com "About Absolute," http://www.absolutad.com/absolut_about/history/advertising/, 2017.

광고의 핵심적인 성공 요인은 바로 이 지점에 있었다.

이 캠페인은 광고 자체의 성공은 말할 것도 없이 매출 신장에도 엄청난 영향을 미쳤다. 1981년에 2만 상자가 팔리던 앱솔루트 보드카는 광고를 시작한 지 10여 년 만인 1994년에 300만여 상자가 판매되었다. 14,900%라는 놀라운 신장률을 기록한 것. 여러 도시의 시장들은 광고에 자기네 도시 이름을 넣어달라고 부탁하는 경우도 많았고, 도시 시리즈를 우표 수집하듯 모으는 마니아 층도 생겨났다. 앱솔루트 보드카 광고의 특징은 상품의 속성 대신 이미지와 분위기를 강조했고, 상품과 광고를 예술 작품처럼 느끼게 했으며, 소비자 조사에 근거하지 않고 광고 창작자들의 창의성과 상상력에 전적으로 의지해 광고를 만들었다는 점이다. 이런 세 가지 창작 방법론이 효과를 발휘했던 결과인지, 앱솔루트 보드카는 1992년에 나이키와 코카콜라와 함께 미국마케팅협회의 '마케팅 명예의 전당'에 헌정되었다.

이와 같은 놀라운 성과는 광고 창의성 그 자체에서 비롯되었지만 20여 년 이상을 흔들림 없이 광고회사 TBWA를 유일한 파트너로 믿어준 앱솔루트가 완벽한 동반 관계가 있었기에 가능했다. 앱솔루트 캠페인 사례는 사소한 꼬투리라도 잡아 외주 업체를 수시로 바꾸려 하는 경영자들이 유익한

지침으로 삼을 만하다. 세상에는 바꿔야 좋은 것도 있겠지만 바뀌지 않을 때 더 좋은 것도 많다. 30년 동안 바뀌지 않았지만 내용은 조금씩 바꾸어온 앱솔루트 광고는 물론 기업 경영에서도 그러할진대, 하물며 우리네 인생사에서 말해 뭐하겠는가. 이런 맥락에서 40~50년 동안 바꾸지 않고 한 사람만을 계속 사랑하는 사태도 일어나는 법이다. '결코 바꾸지 않으면서도 늘 바꾸기Never changing, Always changing' 어쩌면 인생의 장기 캠페인을 기획할 때 반드시 고려해야 할 소중한 가치가 아닐까 싶다.

스케일 업!

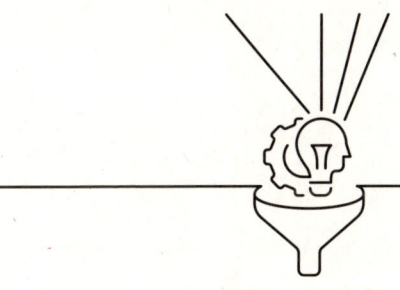

호주의 맥주 브랜드인 한Hahn 수퍼드라이의 인쇄 광고 '경험 수집가' 편(2015)을 보자. 시리즈 광고에는 여러 사람들이 등장해 자기만의 경험을 보여준다. 사람들은 기구를 타고 심해에 들어가 상어를 만나고, 산 정상에 올라 먼 곳을 바라보며 호연지기를 키우고, 해고되어 짐을 싸들고 나오며 침울해하거나, 페인트칠을 하다 말고 애인과 맥주를 마시기도 한다. 또한, 보안경을 쓰고 고속 주행을 준비하고, 고글을 쓰고 행글라이딩을 시도하고, 한겨울에 배낭을 메고 산에 오르거나,

보드를 들고 파도타기를 시도하기도 한다. 광고의 하단에는 맥주병을 배치해 제품과의 상관성을 높였다. "당신은 경험 수집가인가요?$^{\text{Are you an experience collector}}$"라는 공통의 헤드라인은 경험의 중요성을 강조하는 동시에 한 맥주의 맛을 경험해보라는 중의적 표현이다.

호주 시드니 지역의 캠퍼다운에서 척 한$^{\text{Chuck Hahn}}$이 1988년에 창업한 '한 양조장'은 2006년에 수퍼드라이 맥주를 내놓았다. 시장의 반응은 보통이었다. 2015년에 영화감독 패트릭 휴즈$^{\text{Patrick Hughes}}$가 '경험 수집가'라는 주제로 케이프타운, 프라하, 베트남 등지에서 광고 영상을 촬영해, TV 광고, 인쇄광고, 옥외광고, 디지털 캠페인을 동시에 전개하자, 사람들의 반응은 폭발적이었다. 인생에서 경험의 중요성을 강조한 이 광고는 사람들과 한 맥주의 감정적 결속을 강화시키는 데도 기여했다. 광고 효과를 측정한 결과, 광고 캠페인을 시작하기 전에 비해 한 맥주에 대한 선호도가 16% 증가했고 브랜드 회상도가 14%나 증가했다.

Ricki, "Hahn encourages Aussies to become 'Experience Collectors' in new campaign via Ogilvy Sydney," http://www.campaignbrief.com/2015/03/hahn-encourages-aussies-to-bec.html, 2015. 3. 20.

이 광고에서는 소비자들에게 각자가 경험 수집가인지 계속해서 묻고 있다.

경험의 수집을 강조한 광고 메시지는 최근의 경영 핵심어인 '스케일 업Scale Up'에도 맥이 닿아 있다. 스케일 업이란, 오랫동안 수많은 시행착오를 거치며 경험을 축적하는 과정으로, 빅 아이디어가 아닌 하찮은 아이디어일지라도 그것을 기록하고 축적하고 키워 언젠가는 사업화하고 제품화한다. 『축적의 시간』(2015)에 이어 『축적의 길』(2017)을 출판해 주목을 끈 서울공대 산업공학과의 이정동 교수는 앞으로 창의 혁명이 아닌 스케일 업 혁명을 일으켜야 한다고 했다. 그는 근본적으로 새로운 개념을 제시하는 '개념 설계' 역량이 우리나라에 부족하다면서, 도전과 실패를 거듭하면서 경험을 축적하는 것이 중요하다고 했다. ▼ 그는 '개념 설계=아이디어×스케일 업'이라는 공식을 제시하면서 아이디어보다 아이디어를 혁신에 이르게 하는 축적의 과정이 더 중요하며, 작은 작은 규모의 다양한 시도로 해답을 찾는 스몰 베팅small betting 전략으로 나가야 한다고 했다.

▼
http://biz.chosun.com/site/data/html_dir/2017/07/21/2017072101680.html#csidxa5130bdd65203b1ba479ef721a9cf9d

"교과서에 없는 것은 직접 경험하면서 배워야 한다."(한종훈 교수) "기술을 아는 CEO가 없다."(신창수 교수) "고부가가치 경험 지식을 축적하려면 시행착오를 격려하고, 패자 부활전이 가능한 축적 지향의 문화와 사회 시스템을 구축하라."(이정동 교수) 우리나라 기업들이 이런 주장에 귀 기울이지 않으면 머잖아 외국 기업의 하청업체로 전락하거나 문을 닫아야 할지도 모른다.

끊고 깎고 쪼고 갈아내는 힘든 과정을 거친 연후에 큰 그릇이 만들어진다는 "절차탁마切磋琢磨 대기만성大器晩成"이라는 동양 고전의 지혜도 스케일 업의 개념을 뒷받침한다. "하룻밤 사이에 성공하려면 이른 아침부터 늦은 밤까지 많은 세월이 필요하다It takes a lot of early mornings and late nights to become an overnight success"는 서양 속담도 같은 맥락이다. 좋은 경험이든 나쁜 경험이든, 경험이란 소중한 자산이다.

피라미도 대어가 된다는 코이의 법칙

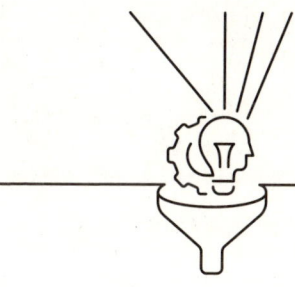

에비앙Evian 생수의 신문광고 '금붕어' 편(1999)을 보면 여성이 진지한 표정으로 어항에 에비앙 생수를 붓고 있다. 수돗물의 소독약 성분이 물고기를 죽게 할 수도 있다는 생각에, 보통의 수돗물을 어항에 그냥 넣기를 꺼려 하는 소비자들이 주목할 수밖에 없다. 에비앙 생수를 어항에 진지하게 붓는 모습을 금붕어가 멀뚱멀뚱 쳐다보는 장면도 인상적이다. 카피는 "오리지널L'original"이라는 한마디뿐이다. 물고기에 좋다는 에비앙을 표현했지만, 사람에게는 더 이상 무슨 설명이 필요하

에비앙의 신문광고 '금붕어' 편(1999).

에비앙의 신문광고 '인어' 편.

겠느냐는 메시지다. 비주얼과 카피가 만나 흥미로운 이야기를 만들어냈다. 이어지는 '인어' 편에서는 바다에 사는 인어가 바닷물을 먹지 않고 에비앙 생수를 마신다는 이야기를 흥미롭게 전달하고 있다. '순수와 건강'이라는 에비앙의 특성을 드러내기에 손색이 없다.

이상의 광고에 앞서 '금붕어의 도약' 편(1995)이 먼저 나왔다. 나중의 광고들은 앞서의 아이디어를 더욱 발전시켰다. 유리컵에 가득한 에비앙 물을 마시려고 어항에서 도약하는 금붕어를 보라! 금붕어가 어항에서 물살을 가르고 힘껏 뛰어 오르는 장면이 일품이다. 금방이라도 옆에 놓인 에비앙 컵으로 떨어질 듯하다. 상품의 특성을 일방적으로 강조하지 않고 상품에 흥미로운 이야기를 제공함으로써 소비자와 브랜드의 교감을 저절로 유도하고 있다. "타협하지 말라 No compromise"는 헤드라인은 주어진 환경에 타협해 안주하지 말라는 뜻이다. 겉으로는 그렇지만 함부로 타협해 아무 물이나 마시지 말라는 속뜻이 숨어 있다. 금붕어가 생수를 찾아 뛰어오른다는 아이디어가 놀라울 뿐이다. 이를 두고 과장광고나 허위광고라고 하면 안 된다. 상품의 특성이 잘 표현된 진실 well-told truth 일 뿐이다.

에비앙이라는 브랜드 이름은 프랑스 오트사부아주의 북부 도시로 스위스 국경에 인접한 에비앙Évian에서 따왔다. 에

에비앙의 신문광고 '금붕어의 도약' 편(1995).

비앙의 역사는 1789년으로 거슬러 올라간다. 에비앙에서 요양하던 귀족이 지하수를 먹고 병을 고쳤는데, 그로 인해 지하수에 미네랄 성분이 많이 함유되어 있다는 부각되었다. 단순한 물이 아닌 약수藥水로 알려진 셈이다. 이 물은 1878년에 프랑스 정부로부터 공식 판매 허가를 받아 '카샤의 물Source Cachat'이라는 이름으로 시판되었다. 지금은 프랑스의 다국적 식품 기업인 다논그룹의 생수 브랜드이다. 우리나라에는 1994년에 상아제약을 통해 처음으로 소개되었고, 제약사가 부도난 다음 2004년부터 롯데칠성음료에서 판매하고 있다.

에비앙을 마시려고 어항에서 도약하는 금붕어, 어항에 에비앙을 정성스럽게 쏟는 여성, 물속에서 에비앙을 마시는 인어 같은 일련의 광고를 통해, 에비앙은 '순수와 건강'이라는 제품 이미지를 확고히 정립했다. 광고가 집행된 다음, 브랜드에 대한 선호도는 광고를 하기 전에 비해 23%가 신장되었고, 전 세계적으로 시장점유율이 11%나 올라갔다. 에비앙 생수의 미네랄 성분을 구구절절하게 설명하지 않고, 한눈에 알 수 있는 간명한 이미지를 제시함으로써 1등 브랜드에 알맞게 브랜드 자산을 관리했기 때문이었다. "타협하지 말라"는 헤드라인 역시 아무 물이나 마시지 말라는 브랜드 자신감을 드러내기에 손색이 없었다.

생각은 많아도 전달은 간명하게

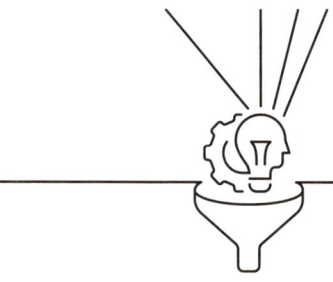

국제 택배 서비스로 잘 알려진 페덱스^{FedEx} 광고는 '간명함'의 극치를 보여주고 있다.

페덱스의 신문광고 '이웃' 시리즈(2010)를 보자. 브라질에 있는 광고회사 DDB의 상파울루 지사에서 만든 이 광고에서는 글로벌 배송에 있어서의 '빠른 속도'를 강조했다. 헤드라인이나 카피가 한 줄도 없다. 오직 그림으로 한눈에 알기 쉽게 표현했다. 질감이 느껴지는 벽에 각각 유럽 지도, 아메리카 지도, 아시아 태평양 지역의 지도를 그렸다. 위아래 집에

페덱스 광고 '이웃: 런던-스페인' 편.

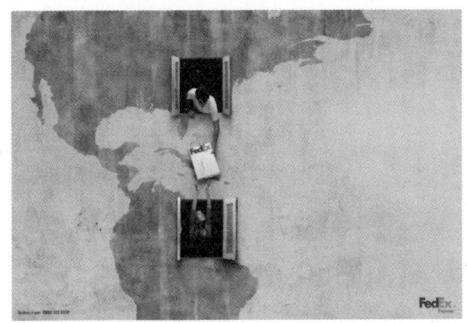

페덱스 광고 '이웃: 미국-브라질' 편.

페덱스 광고 '이웃: 중국-호주' 편.

서 창문을 열자 런던과 스페인, 미국과 브라질, 중국과 호주가 바로 이웃처럼 가깝다. 위층 사람이 아래층 사람에게 물건을 넘겨주듯 국제 택배를 빠른 속도로 전달한다는 메시지를 이렇게 표현한 것. 이미지 하나가 천 마디 말보다 가치 있다는 사실을 확인할 수 있다.

페덱스는 프레더릭 스미스가 1973년에 미국 테네시 주 멤피스에서 창립한 유통 및 물류 브랜드다. 전 세계 220여 개 나라에 우편, 소포, 화물, 전자상거래 서비스 등을 특급 배송한다. 페덱스의 브랜드 로고의 마지막에 있는 이ᴱ와 엑스ˣ 사이의 빈 공간에 빠른 배송을 강조하려고 화살표 표시를 한 것으로도 유명하다. 한국에서는 2000년 9월부터 직영 서비스를 시작했다.

런던과 스페인, 미국과 브라질, 중국과 호주도 이웃집에 물건 전달하듯 빨리 배송한다는 서비스의 특성을 이보다 더 단순하게 설명할 수 있을까? 이 정도의 글로벌 브랜드라면 국제 특송 서비스의 특성을 얼마든지 구구절절하고 자세히 설명할 수도 있었으리라. 그러나 광고 창작자들은 관련된 모든 정보를 숙지한 다음, 복잡한 생각과 싸워 국제 특송의 특징을 이웃집에 물건 넘겨주는 상황에 비유해 쉬운 메시지로 구체화했다. 단순성simplicity의 진수를 보여준 셈. 광고 창의성을 인정받아 이 광고는 2010년의 칸 창의성 축제(국제광고제)에서 금상을 수상했다. 뿐만 아니라 이 광고는 페덱스의 브랜드 상기율을 27%나 높였고, 배송 물량을 14% 정도 높이는 데 결정적인 영향을 미쳤다.

켄 시걸Ken Segall은 스티브 잡스의 경영 원리를 분석한 『미친 듯이 심플Insanely Simple』에서 앞으로 비즈니스의 성패가 복잡함을 어떻게 벗어나느냐에 달려 있다고 말했다. 켄 시걸은 애플에서 17년 동안 일하며 잡스와 함께 광고 마케팅 전략을 이끌었다. 이 책에서는 어떤 것을 단순화하는 데 있어서 '거의'라는 말은 있을 수 없다고 하면서, 혁신을 멈추지 않고 노력해 조금이라도 더 단순한 시스템을 만들어야 한다고 했다. 저자는 애플의 업무 구조와 과정을 단순화시킨 잡스의 경영 원칙을 '심플 스틱simple stick'이라고 요약하고, 애플이 주도했던 모든 혁신은 단순함을 향한 사활을 건 헌신적인 노력에서 탄생했다고 진단했다. 잡스에게 꾸중을 들은 직원들은 '심플 스틱'에 얻어맞았다고 말하고는 했다는 것. 잡스는 "단순하게, 더욱더 단순하게!"라는 원칙을 제품 디자인, 프

▼
켄 시걸, 『미친 듯이 심플: 스티브 잡스 불멸의 경영 무기』, 김광수 옮김, 문학동네, 2014.

레젠테이션, 업무 프로세스, 회의 참석 인원에 이르기까지 요구했다고 하니, 잡스에게 '심플'은 종교이자 무기였다고 할 수 있다.

우리는 생각이 너무 많다. 생각을 많이 하는 것을 굳이 탓할 필요는 없다. 그냥 맹목적으로 단순함만을 추구한다면 무모하기 짝이 없다. 의사결정에 필요한 모든 관련 정보를 숙지한 다음, 복잡한 생각을 그대로 전달하지 말고 간명하게 정리해 표현하려고 노력해야 한다. 예를 들어, 신세계백화점은 온라인 쇼핑몰을 간명하게 알리기 위해 "쓱SSG"이라는 단어를 썼다. 광고회사 HSAd의 아이디어를 받아들인 것. 광고주나 광고 창작자들은 많은 자료를 검토하며 많은 생각을 했지만 그 많은 생각을 다 전달하지 않고 핵심 요체만 쉽게 전달했다. 그래서 결국 '쓱 배송'이라는 애칭도 얻게 되었다.

그런데도 우리네 주변에서는 자기 생각을 너무나 장황하게 설명해 무슨 뜻인지 알 수 없는 경우가 많다. 자기 생각을 간명하게 전달하지 못하는 것은 본인도 잘 모르거나 확신이 서지 않았기 때문이다. 필자의 강의 경험에 비춰봐도, 잘 아는 내용이면 핵심 내용을 요약해 심플하게 전달하는데, 확실하게 숙지하지 못한 내용일수록 강의 내용이 장황해지는 경우가 많았다. 다양한 정보를 확실히 숙지할수록 더 명료한

하나의 메시지를 추출할 수 있었다. 복잡한 생각들을 더 이상 뺄 수 없을 때까지 빼야 한다는 것이다.

　많이 생각하시되 그 많은 생각들을 다 토해내지 말고 상대방이 쉽게 알아들을 수 있도록 간명하게 말씀하시기를. 듣는 사람이 어렵게 느끼면 그만큼 성과가 낮아질 가능성이 높다. 복잡한 것을 단순화시켰을 때 가장 높은 성과를 기대할 수 있다. 소비자들 역시 복잡한 정보는 거들떠보지도 않는다. 우리네 일상생활에서도 하고자 하는 말을 쉽고 간명하게 한다면 말뜻을 잘못 해석해서 발생하는 숱한 오해도 많이 사라지리라. 일찍이 레오나르도 다빈치도 "단순함이야말로 최상의 정교함"이라고 했다. 핵심을 요약 정리하는 단순함, 페덱스 광고에서 배워보자.

다시 생각해보는 "Less is more"

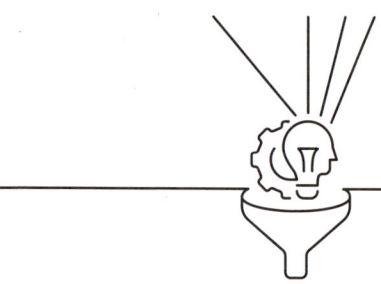

"많은 단어로 적게 말하지 말고 적은 단어로 많은 것을 말하라."

유대인의 지혜서로 알려진 『탈무드Talmud』에 나오는 한 구절이다.

"Less is more."

모더니즘을 표방하는 현대 건축의 핵심 철학이다. 여러 예술 영역에서도 자주 인용되는 이 경구를 어떻게 번역해야 할까? 정확히 번역해내기 어렵다. "적을수록 더 많다", "더

뷰티테크 인쇄광고 '털 서체' 시리즈(2014).

없는 것이 더 있는 것", "간결한 것이 더 낫다" 정도로 번역할 수 있을 듯. 뺄 수 있을 때까지 복잡한 요소를 다 없애라는 뜻으로 이해하면 될 것 같다. 단순성을 추구하는 현대 광고에서도 더하기(+)가 아닌 '빼기(-)의 미학'을 강조한다.

뷰티테크BeautyTech의 인쇄광고 '털 서체' 시리즈(2014)는 빼기의 미학이 무엇인지 한눈에 느끼도록 한다. 레바논 베이루트의 임팩트비비디오ImpactBBDO에서 일하는 아트 디렉터 조르주 키릴로스Georges Kyrillos는 광고에서 불필요한 군더더기는 다 빼버렸다. 털을 없애는 제모 브랜드의 특성을 살려 피부 색깔을 광고의 배경으로 삼아 카피를 한 줄씩만 남겼다. "수영할 맘이 사라지네.I'm too cold to swim" "치마를 못 입겠어.I can't stand skirts" "오늘 밤엔 안 되겠어.I can't tonight" 카피의 서체를 우리 몸의 털처럼 제시하고 뷰티테크라는 브랜드 이름 아래에 "영구제모permanent hair removal"라는 슬로건을 넣어 털과 관련된 여성들의 고충을 제모 브랜드와 연결시켰다. 제모 광고에서 자주 보던 여성의 매끈한 다리가 없어도 털처럼 삐죽삐죽 튀어나온 카피가 브랜드의 특성을 충분히 설명하고 있다.

빅펜BIC Pen의 인쇄광고 '책' 시리즈(2014)에서도 펜의 특성을 간명하게 전달했다. 지면 전체에 펜 하나만 덩그러니 놓여 있지만 실로 엄청난 메시지를 전달하고 있다. 잉크가 줄

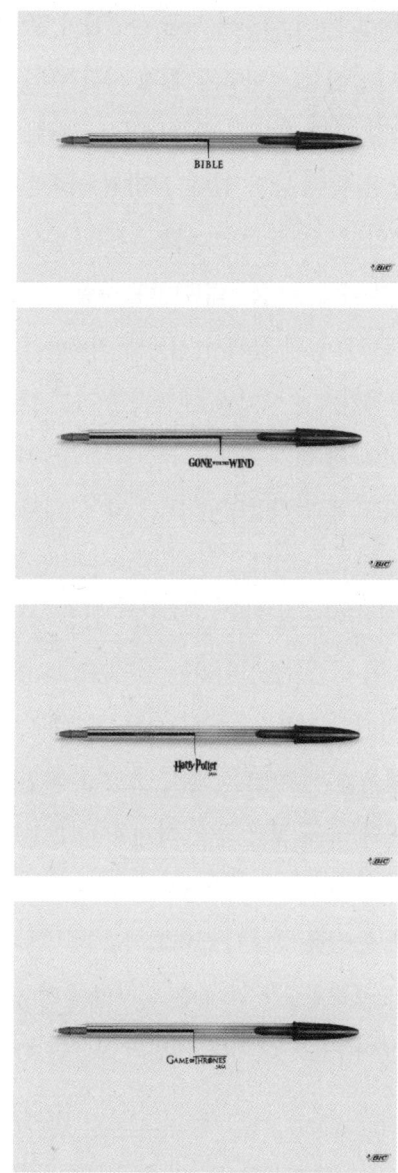

빅펜 인쇄광고 '책' 시리즈(2014).

어든 부분 바로 밑에 전 세계의 모든 사람들이 알만한 책 제목이 적혀 있다. 『성경』, 『바람과 함께 사라지다』, 『해리 포터』, 『왕좌의 게임』 같은 위대한 작품들이 조그마한 펜으로 완성됐다는 심오한 뜻이 담겨 있다. 브라질 상파울루에 있는 마이애미 광고학교Miami Ad School의 아트 디렉터 루안 알메디아Luan Almeida의 감각이 돋보이는 대목이다. 사람들의 생각을 담은 세상의 모든 글이 펜 끝에서 시작돼 작품을 완성한다는 메시지를 전달하기에 손색이 없다. 빅BIC이라는 브랜드가 널리 알려진 마당에 이 펜의 특성을 구구절절 설명하기보다 모두 제거해버리고 펜과 작품명만 남긴 것. 그래서 적을수록 더 많은 이야기를 하고 있다.

아젤소Ajellso 아이스크림의 인쇄광고 '과일' 시리즈(2018)도 더 없는 것이 더 있는 것이라는 금과옥조를 알려주기에 충분하다. 브라질의 아트 디렉터 브루노 히렐Bruno Hilel은 감각적인 레이아웃을 선보였다. 레몬, 코코넛, 파인애플 조각에 아이스크림의 바를 살짝 꽂은 사진을 광고 지면의 거의 전체에 크게 배치함으로써 전달하고자 하는 말을 다 해버렸다. 더 이상 뺄 수 없을 때까지 군더더기를 제거하자 핵심 메시지만 남았다. 단순할수록 더 좋은 디자인이 탄생한다는 놀라운 사실을 보여주는 장면이다. 지면의 오른쪽 하단에 있는

아젤소 아이스크림 인쇄광고 '과일' 시리즈(2018).

"과일 맛 나는 아이스캔디Popsicle with taste of fruit"라는 슬로건을 빼버려도 문제가 되지 않을 정도이다. 광고에 등장한 과일 조각이 핵심 아이디어인데, 지금 당장이라도 아이스크림의 맛과 품질을 느껴보고 싶게 한다. 간명한 레이아웃에서 우리는 더 많은 이야기를 상상할 수 있다.

"Less is more."

이 한마디로 광고의 구조를 설명할 수 있으리라. 이 경구는 현대 건축의 3대 거장의 한 사람으로 존경받는 루트비히 미스 반 데어 로에Ludwig Mies van der Rohe가 1947년에 미니멀리즘 건축의 개념을 설명하기 위해 처음 썼다는 식으로 자주 인용되고 있지만, 사실은 다르다. 시인 로버트 브라우닝Robert Browning이 1855년에 발표한 시 「안드레아 델 사르토Andrea del Sarto」에 등장했다. 그 시대에 완벽한 예술가라는 평판을 얻었던 화가 안드레아 델 사르토를 묘사한 내용이라 '나무랄 데 없는 화가The Faultless Painter'라는 별칭으로도 알려져 있는 시다. 필자가 다시 확인해보니 이 시의 78행에 "Well, less is more, Lucrezia…."라는 대목이 나온다. 미스 반 데어 로에는 이 말을 창조하지는 않았고 브라우닝의 시에서 발견해 차용했던 것.

이 경구는 여전히 여러 분야에 강력한 영향을 미치고 있다. 애플 창업자 스티브 잡스는 이 경구를 바꿔 "단순한 것이 최고이며 최고는 단순하다Simple is the best. The best is simple"는 디자인 철학은 늘 강조했다. 애플은 이 디자인 철학에 혁신적인 기술력을 접목시켜 2001년에 인류사를 바꾼 아이팟Pod을 출시했다. 중국 명나라 때의 문인화가 동기창董其昌도 '소중현대小中現大'를 강조했다. 작은 것에서 큰 것을 드러낸다는 동기창 화론畵論의 핵심이다.

앞으로 너무 복잡하고 장황한 말은 경계할 필요가 있겠다. 단어들이 콩켸팥켸 뒤섞여 도대체 무슨 말을 하려는지 알 수 없게 말할 바에는 차라리 적게 하는 편이 낫겠다. 어찌 말 뿐이겠는가. 글에서도 마찬가지다. 단순한 것이 늘 최고는 아닐지라도, 최고는 늘 단순하다.

에필로그

'슬쩍'의 힘은 생각보다 크다. 운동을 가르치는 코치가 배우는 사람에게 가장 자주 하는 말도 슬쩍 힘을 빼보라는 말이다. 골프를 할 때 어깨에 힘을 빼고 슬쩍 스윙해보라고 한다거나, 축구를 할 때 다리에 힘을 빼고 슬쩍 슈팅하라고 충고하는 데는 다 나름대로의 이유가 있다. 어떤 목표를 갖고 일을 추진할 때나 사람 사이의 관계에서도 마찬가지다. 목표를 성취하기 위해 과도한 힘을 쏟다 보면 오히려 실패하기 십상이다. 자연스러운 상태에서 옆구리를 팔꿈치로 치듯이 은근슬쩍 건드렸을 때 뜻밖에도 놀라운 결과가 나타날 때가 많다.

사람의 마음도 슬쩍 훔쳐야 한다. 자기 마음을 과도하게 드러내기보다 은근슬쩍 터놓았을 때 상대방의 마음도 얻을 수 있다. 그래야 설레는 감정이 조금씩 무르익어 사랑의 결실을 맺을 수 있지 않을까? 일상생활에서도 이런 일은 부지기수로 자주 일어난다. 배고팠던 대학 시절, 주문하지도 않았는데 말없이 계란 프라이를 슬쩍 올려주시던 밥집 아주머니를 필자는 지금도 잊을 수 없다. 지금 어디선가 우연히 만나도 그분을 금방 알아볼 수 있을 것 같다. 정말로 선연한 기억으로 남아 있다. 그때 만약 그분께서 요란한 몸짓으로 계란 프라이를 올려주셨더라면 아마도 이미 잊어버렸으리라. 슬쩍의 힘은 이토록 대단하다.

필자는 이 책에서 전설적인 광고에 스며 있는 경영 통찰력을 진지하지 않은 방식으로 자신의 일상생활에 적용해보자는 메시지를 시종일관 전달하려고 노력했다. 상식을 뒤집는 역발상으로 팔고 싶을 때도 슬쩍 해보고, 본질을 깊이깊이 파고들며 팔고 싶을 때도 슬쩍 해보자고 했다. 강력한 스토리텔링 파워로 팔고 싶을 때도 슬쩍 해보고, 진정으로 감동받게 하면서 팔고 싶을 때도 슬쩍 시도해봐야 한다. 재미와 웃음까지 선사하며 팔고 싶을 때도, 단순하지만 강력한 한마디로 팔고 싶을 때도 슬쩍 해보지 않으면 기업 경영이나 인생 경영에서 성공하기 어렵다. 슬쩍 해보다 보면 일상생활에서의 성취나 기업 경영에서의 성공이 확실히 달라지고 있음을 실감하게 될 것이다.

디지털 융합시대에 '슬쩍'이란 말은 시대적 가치와도 부합된다. 일과 삶의 균형Work-and-Life Balance을 중시하는 '워라밸' 세대들은 타인과의 관계보다 스스로의 삶을 더 소중히 여긴다. 칼 퇴근과 사생활을 중시하는 워라밸 세대에게 직장 상사나 부모가 뭔가를 힘주어 강조한다고 한들 잘 먹히지도 않는다. 소설가 무라카미 하루키가 「랑겔한스섬의 오후」라는 수필에서 소개했던 소확행小確幸, 작지만 확실한 행복을 추구하는 사람들도 계속해서 증가하고 있다. 행복은 멀리 있지 않고 거창한 것이 아니라고 생각하는 이들에게, 기성세대들의 과도한 몸짓이나 거창한 훈계는 대답 없는 메아리가 될 뿐이다.

이제, 우리 모두가 '슬쩍'의 가치를 일상에서 은근슬쩍 실천하는 일만 남았다. '전설의 광고들'에서 얻은 슬쩍의 지혜를 일상에서 두루 활용하시길 바란다.